AF429281

LOS ATAJOS

Conectando con nuestro inconsciente

LOS ATAJOS.
Conectando con nuestro inconsciente.

JULIO 2024

©*ENRIQUE ABANSÉS BALLESTÍN*

Edita: XEITO Ediciones

Contacto: xeitoediciones@gmail.com

*Fotografías: Enrique Abansés, Alfredo Berges
y Félix Berges*

ISBN: 9798227044754

Depósito legal: Z 1349-2024

LOS ATAJOS

Conectando con nuestro inconsciente

ENRIQUE ABANSÉS BALLESTÍN

A mi hijo, Carlos,
por su infinito amor.

A mis hermanas, Mª Isabel y Mª Jesús,
por su infinita aceptación.

A mis "hermanos" Agustí y Mª Josep,
por su infinita confianza.

*La muerte no existe y con ese conocimiento desaparece el
miedo a ella. Y recuerda: nadie que existió murió.
Se volvieron ligeros y todavía existen como tales.*

*El secreto es que estas partículas de luz vuelven a su estado
original. De vuelta a una de las energías anteriores.*

Cristo y algunos otros conocían este secreto.

Buscaba cómo preservar la energía humana.

*Es una de las formas de luz en el alma, a veces como la luz
celestial más alta. No lo he buscado para mí,
sino para el beneficio de todos.*

*Creo que mi descubrimiento facilitará y hará mas llevadera
la vida de las personas y las orientará
hacia la espiritualidad y la moral.*

Nicola Tesla

PRÓLOGO

El libro es todo un manual de Psicología en el que, de forma amena, con lenguaje sencillo y cotidiano, el autor nos explica algunos atajos improductivos, es decir, los desvíos que acostumbramos a tomar en nuestra vida, para escapar de situaciones o conflictos que no sabemos o no podemos solucionar en ese momento.

Su pausada lectura, en la primera parte, nos posibilita observar reflejados, como en un espejo, nuestros comportamientos, para seguidamente ser capaces de reconocer algunas situaciones que vivimos día a día, de forma clara, nítida y como consecuencia, al tomar consciencia de ellas, verlas, valorarlas y cambiarlas, si no nos gustan.

En todo su conjunto, las páginas de este libro nos invitan a reflexionar, nos ayudan a conocernos mejor y a ser conscientes de nuestros pensamientos, sentimientos y acciones que muchas veces surgen automáticamente por haberlos aprendido en edades muy tempranas.

Todos estos atajos están muy bien descritos, a través de la experiencia profesional y personal del autor, que se nos revela como gran mago de las palabras, utilizando un extenso vocabulario.

Además, cada capítulo va acompañado de valiosas referencias y extensa bibliografía.

La segunda parte del libro tiene un enfoque muy distinto, esperanzador, ya que después de experimentar con detalle los múltiples y equivocados atajos que existen, de reflexionar y comprender mejor nuestras formas de pensar, sentir y actuar, nos ofrece un mar de posibles caminos, auténticos senderos que nos llevan directamente a nuestro espíritu, nuestra esencia divina.

Gracias Enrique por la creación de este útil *Manual* que nos ayuda a todas las personas a crecer en Amor y Sabiduría.

Mª Josep Sebastiá

INTRODUCCIÓN

*La gente no quiere saber la verdad.
Sólo quieren que les reafirmen constantemente
las mentiras que les hagan sentirse cómodos.*

Hay personas que sienten que no pertenecen a este mundo, muchas más de las que podríamos pensar. No es lógico y parece una sinrazón, pero lo sienten.

Aparentemente tienen una vida normal, mas no es así y la infancia es la etapa clave. En los siete primeros años ocurren tantos acontecimientos externos e internos, que nadamos en un mar de confusiones, preguntas, dudas y certezas, llenos de alegrías y tristezas, buscando darle sentido a toda esta navegación con una incipiente consciencia.

Basta observar detenidamente a un bebé recién nacido, a los seis meses, al año, a los tres años, a los cinco, y sentiremos en su mirada y en su sonrisa la Energía de la Vida, llena de misterio y magia, donde todo está por descubrir.

La curiosidad y la *inconsciencia* hacen de esta fase una impronta que nos marcará toda la vida, eso sí, inconscientemente. Nuestras características más personales salen a relucir y se va conformando un basto nicho de posibilidades que se nutre de las dos energías primarias: todo el amor que nos llega y de todos los miedos que también nos alcanzan.

Descubrimos la alegría y el gozo de jugar y divertirnos, y a todos les parece bien que así lo vivamos, pero también descubrimos que no todo se puede hacer o decir, que hay cosas prohibidas, que existe el dolor, las pérdidas y las dificultades. Todo ello lo afrontamos con muy pocos recursos, así que es mejor acomodarnos a lo permitido y vamos sorteando, mejor o peor, la distancia entre lo que me apetece vivir y experimentar y lo que me dicen que se puede hacer. Esta disonancia cognitiva nos acompañará toda la vida, desafortunadamente de forma poco consciente, y se necesita tiempo y espacio para *volver a nuestra fuente*, llena de abundancia, alegría y belleza, es decir, gracia, ese lugar de armonía donde no hay distancia entre lo que quiero y lo que puedo experimentar.

Es así como la vida se convierte en un largo (y corto) camino lleno de sinsabores y bondades, por lo que, en ocasiones, tomamos atajos (acorto el espacio, gano tiempo).

Si consideramos la propia definición semántica de atajo, es decir, *senda o lugar por donde se abrevia el camino, procedimiento o medio rápido, separación o división de algo* (RAE), vemos que la tercera acepción nos conduce a una profunda verdad: atajar puede conducir a la separación y pérdida del camino.

Pero la primera y segunda acepción nos señala que hay procedimientos más rápidos que abrevian el camino y esos sí conviene tomarlos. Está en nuestra mano ir eligiendo y descartando, en definitiva, experimentando y valorando las oportunidades que tenemos de regresar a casa (1), a la Unidad de partida, porque esa es la propuesta de la Vida: un espacio-tiempo para recordar nuestro origen divino. El camino parece sencillo: pensar, sentir y actuar en perfecta alineación, como señala José Luis Parise (2), pero es aquí donde solemos extraviarnos y, ante la dificultad, tomamos atajos. A veces buenos y otras no. Este es el motivo fundamental de este libro: hacernos más conscientes de los atajos que vamos eligiendo o descartando y qué dicen nuestras elecciones de nuestro camino a la Fuente.

Al no considerar nuestra procedencia del Origen, (de la Unidad, la unión con el Uno), y aferrarnos a la dualidad de nuestra existencia físico-material, nos separamos de nuestra identidad como seres espirituales, infinitas estrellas en busca de nuestra divinidad, semillas de amor en tránsito por este mundo físico, maestros y alumnos de nosotros mismos.

Los atajos pueden ser beneficiosos, sin duda, pero en ocasiones, es necesario recorrer todo el camino porque en cada día, en cada hora y en cada segundo, hay un potencial de experiencia que debemos aprovechar para poder descubrir y sentir que somos Luz, ya que venimos de la Luz Infinita.

Cada instante de la vida, cada experiencia, lleva en su interior una señal para dar sentido a nuestra existencia: sentido como dirección, sentido como razonamiento lógico y sentido como emoción profunda desde el corazón.

Todo tiene un sentido para que ocurra, para que nos ocurra a nosotros y se trata de experimentarlo y vivirlo. Un mal atajo puede impedir literalmente dicha experiencia y nos condena, en muchas ocasiones, a volver a la línea de salida.

Desde los primeros años aprendemos los atajos, los buenos y los malos, y no sólo nos los enseñan (aprendizaje vicario), sino que los vamos descubriendo.

En ocasiones, un atajo es cobrar ventaja, acortar el camino, llegar antes, salir de un apuro, es decir, encontrar *soluciones* eficaces, aunque no sean eficientes. El niño y la niña que todos hemos sido busca mantenerse en la zona de confort que conoce y en la que se reconoce. Al salir de ella, descubre que hay que hacer lo que sea, para volver a la senda conocida. Y ahí descubre los malos atajos.

Si hay que negar, se niega; si hay que mentir, se miente; si hay que esconderse, se esconde; si hay que pegar, se pega; si hay que huir, se huye; si hay que callar, se calla; si hay que gritar, se grita; si hay que llorar, se llora; si hay que fingir, se finge. Se hace lo que sea para mantener nuestra posición, o nuestra comodidad, o nuestra voluntad. En definitiva, nuestra ventaja, la mayor parte de las veces, en secreto y de forma inconsciente.

Aquí es donde empieza el problema, los problemas. Deformamos nuestra conducta todo lo que haya que retorcerla, hasta que se cumplan nuestros deseos, sean estos más o menos sensatos, lógicos u oportunos. Y esto ocurre muy pronto, ya hemos visto que en los primeros siete años de vida, con escasísima consciencia de este proceso y arrastramos esta impronta a la edad juvenil y adulta.

Al no ser conscientes de la deformación ocurrida, tendemos a creernos que está bien ser así, ya que en ocasiones hemos obtenido ventaja, o hemos evitado problemas o simplemente nadie se ha dado cuenta de nuestro atajo.

Se cimenta así una personalidad que nos aleja de nuestra identidad más sana y de nuestra integridad. Nos negamos a nosotros mismos la experiencia de ser valientes y de enfrentarnos a las consecuencias de nuestros comportamientos. Y ese es el momento donde triunfa el inconsciente.

En definitiva, perdemos coherencia y verdad. Eckhar Tolle, en su precioso libro *El Poder del Ahora* (3), lo llama acertadamente nuestra dificultad a *estar presentes* y es así como nos creamos una identidad falseada, un personaje, lejano y casi ajeno al verdadero ser que somos. En definitiva, una impostura.

De esto va este libro, de buscar la verdad que se alberga en nuestro corazón y nuestra alma, la verdad de quiénes somos más allá de nuestro cuerpo físico. Algunos atajos pueden ser trampas que nos hacemos a nosotros mismos, venenos autoinoculados que retrasan nuestra unión con la Fuente de la que todos provenimos. Adrián García, en su extraordinario libro *La Revelación de la Unidad* (4), nos recuerda esta profunda idea:

> *Estamos sumidos en una colorida sinfonía energética y nos embelesa tanto con sus melodías que acabamos olvidando que la música procede de un conjunto de instrumentos, y que éstos a su vez son tocados por*

Estoy seguro que todos tenemos experiencias que evidencian las ventajas iniciales de algunos atajos, pero, si profundizamos, quizá podamos comprobar sus desventajas, lo que nos permitiría ver, cuando son observados con detenimiento, lo rápido que se cae en ellos, casi sin pretenderlo, y la enorme cantidad de Energía que hay que aportar para recuperar la senda de la dignidad y el respeto por nosotros mismos.

Pero el ser humano es muy poderoso y no todos los atajos son descartables. Hay un patrón inteligente en todo lo que nos ocurre y no se trata de apelar ni a la mala suerte, ni al qué dirán, ni al ridículo social. Somos jugadores de un diseño divino y toda experiencia es un camino a la Fuente, aunque no lo entendamos de momento.

Cuando se analiza bien la vida y conectamos con nuestro corazón, vemos la coherencia que había en nuestras intuiciones y presentimientos, como afirman Bruce Lipton (5), Joe Dispensa (6) y Gregg Braden (7), un campo cognitivo que va más allá de nuestra capacidad neuronal o biológica, una sabiduría profunda que nos conduce a la consciencia plena.

Esos atajos sí que acortan el camino:

- una práctica cotidiana de la meditación

- un sentido de la oportunidad para permanecer en silencio,

- una confianza profunda en nuestros sueños, intuiciones y potencialidades

- un amor entendido de manera incondicional.

No necesitamos ningún gurú, religión o línea espiritual para tomar atajos en nuestra vida cotidiana. Nos basta experimentar la *bondad* o *despiste* del atajo para seguir o no en él.

Hay que reconocer que, a veces, es difícil desprenderse de sus supuestos beneficios porque la mayor parte de las veces, no somos conscientes de ello y no valoramos otros recursos que tenemos, pero que son más costosos de recorrer. Carl G. Jung (8) ya apuntó acertadamente la importancia del inconsciente colectivo pero también del individual.

Ciertamente, desprenderse de una mentira o impostura que llevamos años alimentando es complejo y se necesita coraje para desenmascararnos, sobre todo si seguimos estamos demasiado cerca de la cobardía que las motivó.

De igual manera, deshacerse de mi rol de víctima, cuando llevo media vida con él, es arriesgado, porque desconozco cómo serán mis relaciones con los demás cuando ya no apele a mi victimismo.

Nos han dicho que la vida no es un camino de rosas, pero se olvidaron de explicarnos bien esta afirmación. Cuando se aplica el amor incondicional, sólo hay camino a recorrer, vida que experimentar y meditar todo lo que sepamos sobre qué nos aleja de la Unidad divina que somos y de la que provenimos, sin identificarnos tanto con nuestro pequeño ego, nuestro limitado cuerpo material y nuestros paradigmas culturales y sociales.

Las espinas de las rosas son necesarias para su defensa, luego solo se trata de entender que están ahí para algo. Un mal atajo puede ser una espina, sí, pero es responsabilidad nuestra ver el sentido que tiene para acercarnos a una mayor consciencia (la ciencia de uno mismo) de nuestra divinidad, (9), el sedoso perfume de la flor.

Hay atajos que terminan convirtiéndose en *retrasos* casi imperceptibles pero reales. Y hay otros que son una buena dosis de Energía y Consciencia. Confío que la lectura de este libro sea una aportación para vencer los miedos y sombras que nos enlentecen y permita al lector subir su frecuencia de amor y apertura espiritual.

Vamos a desentrañar los atajos (los buenos y los malos) más importantes que tomamos y sus implicaciones sobre su coste-beneficio. No están todos, pero sí los más conocidos y reconocibles en nosotros y en los demás. En una sociedad tan acelerada como la actual, llena de inmediatez y superficialidad, es fácil confundir las modas con mis verdaderas preferencias y es fácil caer en adicciones (sexo, redes sociales, comida insana, ciertas sustancias) sin aparente consciencia de que estoy sometido a ellas. Y por el contrario, nos cuesta valorar una buena conversación con un amigo, la lectura de un buen libro, la experiencia de un viaje en solitario hecho sin programación, escuchar una hermosa música o la contemplación sosegada de un paisaje o una pintura.

Tenemos tiempo para todo, pero *parece* que vivimos como si nos fuera a faltar, cuando en realidad las verdaderas preguntas son ¿qué hago con el tiempo? ¿en qué pierdo el tiempo? Nos educan para producir y consumir y que todo es posible, pero no es así. El tiempo es un bien limitado (damos por hecho que mañana también voy a existir, cuando sólo es una suposición) y conviene elegir bien qué hago con el que dispongo.

Los malos atajos, inicialmente, parecen regalarnos más tiempo y, en una segunda lectura, vemos que no es así. No somos perfectos en esta dimensión, porque el camino a recorrer es la coherencia, la responsabilidad, la armonía y la verdad, sabiendo que somos únicos e irrepetibles, pero también que tenemos límites: podemos enfermar, podemos equivocarnos y vamos a morir en esta dimensión. Ser conscientes de ello, nos debe llevar a ser muy cuidadosos con algunos de los atajos que tomamos y no perder el tiempo con ellos.

La propuesta de estas páginas es sencilla: hay que confiar que disponemos de las capacidades necesarias para tener una vida plena y con sentido, que no son otras que el libre albedrío y el amor incondicional, que forman parte de nuestro ser espiritual.

La verdadera Energía mana de estas dos potencialidades que nos posibilitan recorrer el camino de regreso a la Fuente. Así que, seamos conscientes o no, no nos queda otra que vigilarnos:

Vigila tus pensamientos,
porque se convertirán en tus palabras.

Vigila tus palabras,
porque se convertirán en tus actos.

Vigila tus actos,
porque se convertirán en tus hábitos.

Vigila tus hábitos,
porque se convertirán en tu carácter.

Vigila tu carácter,
porque se convertirá en tu destino.

Lao Tze

Zaragoza, 2024

SOMOS VIBRACIÓN y FRECUENCIAS

Nicola Tesla nos recordó que somos Energía, Vibración y Frecuencia. Nuestro cuerpo emite Energía a través de vibraciones en unas determinadas frecuencias, sobre todo cuando nos emocionamos, pero también cuando pensamos.

La *intención* y la *atención*, como ya veremos, forman el núcleo de nuestra puesta en escena y cada experiencia que sentimos y vivimos hace que emitamos estas frecuencias, aunque no seamos conscientes de ellas.

Entre otras, estas son las más relevantes:

BETA (β): 12 a 33 Hz

Ondas de baja frecuencia para ir cambiando entre las distintas partes de la información. Actúa como una compuerta reguladora que decide cuándo se descarta la información almacenada brevemente.

Se producen cuando el cerebro está implicado en actividades mentales intensas. El predominio de ondas beta puede indicar un estado en el que la persona está enfocada en el mundo externo.

ALFA (α): 8 a 12 Hz

Empiezan a emitirse en el estado de calma sin sueño, ese estado en que se propicia la meditación. Un descanso placentero sin que el sueño esté presente.

Los niveles altos de ondas Alfa serían contrarias a poner toda nuestra atención en tareas. Incluso, podríamos no tener ganas de realizar dichos esfuerzos. Ayudan a la integración de mente y cuerpo y al aprendizaje más sutil. Puede considerarse un puente del mundo exterior al mundo interior y viceversa.

THETA (θ): 3,5 a 8 Hz

Se relacionan sobre todo con nuestras capacidades creativas, con la reflexión y el sueño. Las ondas theta suelen mostrar una elevada actividad cuando experimentamos emociones muy impactantes. Se alcanzan en estados de calma profunda, cuando nuestros sentidos se enfocan en nuestro mundo interior.

La persona que está soñando despierta se encuentra en este estado, así como las que meditan. Son las ondas que usamos durante la fase R.E.M. del sueño y están muy ligadas al aprendizaje, la memoria y la intuición.

Empieza haciendo lo necesario,
luego lo que es posible
y de repente, te encontrarás haciendo lo imposible.

San Francisco de Asís

PARTE 1

LA MENTIRA

a

La mentira es el atajo más frecuente por la sencilla razón de que es eficaz. Mentir crea una realidad paralela a la *realidad* y si *cuela,* nos permite seguir en un camino ficticio. Es la manipulación por excelencia ya que, en esa nueva realidad creada, podemos tergiversar muchas vibraciones que nos llevan al equívoco y al sufrimiento.

Sufre quién miente y sufre quien es engañado. La mentira supone un desgaste energético enorme porque hay que recordar en qué se ha mentido, a quién, cuándo y porqué. El mentiroso tiene que tener mucha memoria, una perversa memoria. Mantener una mentira puede ocupar un pequeño tiempo (días, semanas, meses) o incluso toda una vida. El *mentido* también sufre, más si es consciente de ello y algo menos si permanece en la creencia de que lo escuchado es verdad. En ambas partes, la comunicación, la percepción y sobre todo la confianza quedan afectadas.

Las personas corrientes mentimos mucho y no sólo los dirigentes políticos y religiosos, los medios de comunicación masivos y los llamados expertos, aunque es necesario reconocer que casi es *lógico* que lo hagan, porque tienen agendas ocultas que no deben ni pueden revelar.

Las mentiras llamadas piadosas siguen siendo mentiras. Nos excusamos en que no queremos herir a alguien con la verdad, nos argumentamos que es mejor que no lo sepa, nos autoconvencemos que mintiendo *un poco,* evitamos males mayores. Esto es una trampa muy sibilina porque es la antesala de mentiras menos piadosas, ya que nuestra psique se prepara para mentir y comprobar que las consecuencias no son tan graves. Experimentar que se ha mentido y todo parece seguir igual o incluso mejor, nos envía a una parte inconsciente de nuestra mente, donde no decir la verdad de nuestros pensamientos, emociones y sentimientos es aceptable y aceptado.

El inconsciente no es moral y sigue hábitos y costumbres, repeticiones que luego surgen de manera casi automática. Todos nos hemos sorprendido de haber mentido sin tener una intención clara de querer hacerlo. He aquí el *trabajo* del inconsciente.

Pero las verdaderas mentiras, las que sí son un falso atajo, es decir, una tergiversación de la realidad, son aquellas que se hacen deliberadamente, con verdadera intención de engañar y que el interlocutor quede preso de la información, opinión y visión que le aportamos. Y esta creación genera equívocos y desencuentros no siempre fáciles de restaurar. Nuestras mentiras generan reos en cárceles invisibles en las dos celdas, la del mentiroso y la del mentido, y salir de ellas supone mucho más esfuerzo que mantener la versión emitida, sea esta de hechos, emociones o ideas.

A veces, empatizamos tanto con nuestra mentira, que terminamos creyéndola nosotros mismos. Muchos personajes famosos de cualquier área social son mentirosos patológicos de sí mismos. Crean o les crean un personaje y se lo creen, ya sea por intereses económicos, por un ego desbocado o porque les resulta *imposible* salirse del personaje público y conocido por tantas personas, aunque sean totalmente desconocidas de manera directa.

La mentira siempre genera sufrimiento propio y ajeno y puede tener consecuencias graves de salud mental y física. Vivir en la mentira propia es una cárcel, quizá con barrotes de oro, pero en una prisión al fin.

Mas las mentiras más peligrosas son las que hacemos a nuestros seres más queridos y cercanos: padres, hermanos, parejas, amistades y compañeros. La mentira a los que amas o aprecias en alguna medida es el atajo más peligroso porque impide establecer y mantener vínculos sanos y poderosos.

Los padres nos mintieron en muchas, pero pequeñas, cosas, y no lo hicieron en lo importante: nos amaban más allá de nuestro comportamiento concreto. El problema surge cuando, de niños, los próximos detectan que mentimos y que no sólo es que tengamos mucha imaginación o desconocimiento. Es entonces cuando la desconfianza penetra en nuestro sistema de relaciones y se traslada a nuestra vida adulta con total inconsciencia de ello. Las consecuencias suelen ser penosas: relaciones inestables de pareja, dificultad para mantener amistades a medio y largo plazo, problemas de comunicación y conexión con la familia. Mentir a los próximos (prójimos) es la antesala de mentir a los ajenos.

Conocemos la frase *las mentiras tienen las patas muy cortas* y es verdad la mayor parte de las veces. En otras ocasiones no, pues la falsedad perdura y nos vemos *obligados* a mantener la ficción de realidad que se creó. Entonces nos volvemos expertos en recrear con datos, hechos y apoyos, la mentira antigua, la falsedad creada. Esto les ocurre mucho a los adictos a distintas sustancias, a los jugadores patológicos, a las parejas que ya no se quieren, a las amistades que ya no lo son. La realidad es tozuda y nosotros debemos serlo más, lo que nos obliga a vivir fingiendo que no pasa nada y descubrimos que el silencio y la evitación de determinados temas, nos permite seguir con nuestra engañosa cotidianidad.

En definitiva, la mentira es lo que más nos aleja de la verdadera espiritualidad. Todas las religiones, ideologías y agrupaciones políticas y sociales utilizan pequeñas, medianas o grandes mentiras. Es su manera de sobrevivir, prometiendo un mejor mundo luego, pero no ahora.

No hay más cielo que conocerse a uno mismo en su profunda esencia, para lo que debemos rebuscar en nuestro inconsciente y asumir nuestras disonancias cognitivas, ¿en qué creemos profundamente por nosotros mismos y en qué creemos porque nos lo han contado, pero rechina en nuestro interior?

La verdad es en muchas ocasiones dura y no es fácilmente soportable cuando hemos sido educados y adoctrinados lejos de ella. Por ello, el camino a recorrer sin atajo es aprender que la verdad te hace libre y te permite interiorizar mejor tu verdadero Ser, aquel que somos más allá de las componendas sociales y culturales que nos creemos y hacemos creer.

Somos almas que, conectadas con el Origen, con el Uno, con la Fuente, saben la verdad en todo momento y circunstancia. Nuestro lenguaje, nuestra mente, y en ocasiones, hasta nuestro corazón, pueden traicionar esta relación profunda con nuestra existencia espiritual.

Los *lapsus lingüe* son una muestra de ello. Salir de la inconsciencia mediante engaños y mentiras solo conduce a más autoengaño y, por lo tanto, retraso en nuestro camino sin atajos a nuestra verdad esencial: *la divinidad que somos* (10, 11).

En este sentido, mentir es una traición a nosotros mismos, a nuestra esencia, y es muy pertinente revisarnos y *vigilarnos*: a quién mentimos, por qué mentimos, cuándo mentimos, en qué mentimos.

Este acercamiento al autodescubrimiento nos ayudará a *conocer* más a nuestro Inconsciente y cuidaremos de no dejarnos arrastrar por la mente. Hermann Hesse, en Siddhartha (12), afirma que Buda decía:

La mente miente monumentalmente.

β

Mentira. Expresión o manifestación contraria a lo que se sabe, se cree o se piensa. Es utilizada por las personas para fingir, engañar, aparentar, persuadir o evitar situaciones.

RAE

Nadie tiene la memoria suficiente para mentir siempre con éxito. Podrás engañar a todos durante algún tiempo; podrás engañar a alguien siempre; pero no podrás engañar siempre a todos.

Abrahán Lincoln

Un mundo sin mentiras es un mundo sin miedos. Comprométete con la vida y la libertad, con la tuya propia y con la de los demás. Escúchate, percibe tus razones y sentimientos más profundos para evitar convertirte en marioneta, títere, cómplice o esclavo de la mentira. El fin no siempre justifica los medios. La verdadera revolución está en tu interior.

Cristina Martín Jiménez

El hombre que se miente a sí mismo y escucha su propia mentira, llega a un punto en que no puede distinguir la verdad dentro de él, por lo tanto, pierde todo respeto por sí mismo y por los demás.

Fiódor Dostoyevski

El castigo del mentiroso no es, en lo más mínimo, que no se le crea, sino que él no puede creer a nadie.

George Bernard Shaw

Toda mentira tiene fecha de caducidad. Al final todo se descubre. Al mismo tiempo la confianza queda herida… para siempre.

El hombre que no teme a las verdades, nada tiene que temer de las mentiras.

Thomas Jefferson

LA IMPOSTURA

a

De niños, queremos ser mayores. De mayores, queremos aparentar ser más jóvenes. Aparentamos tener más dinero, más recursos y más sabiduría de la que tenemos. Bienvenidos al atajo de la impostura.

La mayor parte de las imposturas nacen en la infancia. Jugamos a ser hadas, príncipes y reyes, médicos y guerreros y, como lo creemos de verdad, sin concesiones a la galería, no nos cuesta seguir en la adolescencia y en la etapa adulta, con la ficción. El problema viene cuando vemos que nos creen, que parece no importar a los demás nuestra impostura y falsedad.

Sabemos que en la Historia ha habido grandes impostores, gente que fingió ser una cosa que no era, basta recordar algunos supuestos supervivientes de los campos de concentración nazis. Sabemos que los políticos, generalizando, pueden ser unos grandes impostores cuando prometen lo que saben que no van a cumplir o al menos va a ser muy difícil hacerlo. Sabemos que hay amantes que fingen amarnos cuando son otros objetivos los que buscan. Y sabemos que en nuestras propias familias hay miembros falsos en sus muestras de afecto. Saber esto no alivia ni justifica nuestra impostura.

No todas las imposturas son fáciles de evitar porque, a veces, son ejercicios de supervivencia. Es así cuando, de jóvenes, queremos ser aceptados en el grupo de amigos y amigas y no tenemos el suficiente dinero como para *se-*

guir a la moda con nuestra vestimenta. También ocurre en las parejas cuando se rompen y se desea deshacer el vínculo, inventando, amplificando o aminorando, aquello que más nos interesa para justificar nuestra decisión. Y qué decir de lo que se aparenta en una entrevista de trabajo de la que quizá dependa nuestro futuro.

El atajo de la impostura es muchas veces inconsciente, ese gran agujero negro que nos corroe sin piedad. Esa falta de consciencia hace que defendamos lo indefendible, aunque las personas que nos quieren nos señalen las contradicciones de nuestra postura. Es así cómo las personas maltratadoras encuentran razones a sus acciones violentas, el ladrón justifica sus hurtos y robos, el tacaño explica su conducta ruin, o los poderes públicos se amparan en un supuesto bien futuro, para cercenar o limitar las libertades de sus conciudadanos.

Todas las imposturas son atajos que nos separan de la realidad profunda, entendida ésta como ese camino a la honestidad y la armonía con los demás y con nosotros mismos.

Hacer creer lo que no somos, aparentar sentir lo que no sentimos, emocionarnos con lo que verdaderamente no nos emociona y hacer lo contrario de lo que pensamos, son sendas peligrosas de transitar, aunque, de momento, nos vaya bien, como hemos visto con la mentira.

Es curiosa la transformación de muchas mujeres y hombres, al quedarse viudas o viudos, una vez que se han *liberado* de una relación matrimonial que no les satisfacía, que quizá fue impuesta y forzada por los propios padres, y que aceptaron de mala gana. Han vivido en una impostura socialmente aceptada, han sobrevivido a su propio engaño y ahora quieren saber qué pueden y quieren experimentar fuera de los barrotes de su *contrato matrimonial*. Las cursivas son importantes.

La impostura y la mentira, tienen fecha de caducidad y una vez sacada a la Luz, la herida puede ser muy dolorosa y duradera. Y no sólo nos referimos a la impostura personal e individual. Basta recordar qué nos ocurre cuando descubrimos la corrupción de algunos dirigentes públicos que se supone deberían dar ejemplo de honestidad; la de algunos miembros de iglesias y congregaciones religiosas con sus comportamientos contrarios a sus sermones y preceptos; la de nuestras propias amistades cuando han estado fingiendo una posición ideológica, sexual o afectiva que no era real. El atajo no fue bueno y reencontrar el camino es muy costoso.

El impostor y la impostora, y todos lo somos en alguna medida, cree y siente que la ventaja de fingir es un precio asumible y justificable. Pero no es cierto. El descalabro emocional que supone haber estado conviviendo y compartiendo la vida con alguien que fingía sus comportamientos, sus afectos y sus ideas es devastador. El enorme vacío que deja descubrir que una persona cercana o un personaje público en los que habíamos confiado, es un falso, un traidor y un vendido a intereses inconfesables, es enorme. La sensación de estar pisando *arenas movedizas* no es nada agradable y nos puede lastrar en futuras vivencias.

Las imposturas no son gratis y debemos revisarnos cuál de ellas está más cerca que lejos de nosotros, de nuestra vida personal, profesional y social. Es un atajo que conviene revisar y valorar, aunque no dejemos *títere con cabeza*. Como todo engaño que son, deben ser develadas para nuestro bien y el de los demás. Si las mantenemos apagadas es difícil que se vea nuestra Luz.

Para ello, es necesario reelaborar la visión que tenemos de nuestros padres y familiares cercanos, porque es la manera más segura de que nos acerquemos a descubrir nuestras imposturas. Las Constelaciones Familiares de Bert Hellinger (13) han mostrado cuán equivocados estamos a veces respecto a la idea que tenemos de nuestra familia. Ciertamente hay secretos y falsas *poses* que conviene conocer de los nuestros, incluso de los que apostaríamos que no fingirían bajo ninguna condición. La naturaleza de la psique consciente y la inconsciente hace que tengamos mecanismos, en ocasiones, muy retorcidos y opacos.

En definitiva, conviene revisitarnos en nuestros paradigmas y suposiciones. No somos tan angelicales como nos gustaría y, dado que *no hay nada más estable que el cambio*, es muy saludable aceptar nuestras pequeñas o grandes imposturas porque será la mejor manera de poder cambiarlas y evitar esas falsas apariencias.

Es el único camino para desandar el atajo tomado y poder sanar nuestra psique y nuestra alma, es decir, seguir la senda del espíritu encarnado que realmente somos (14).

β

Impostura. Fingimiento o engaño con apariencia de verdad.

RAE

Prefiero rodearme de personas que no disfrazan sus imperfecciones a rodearme de personas que fingen sus perfecciones.

Charles Glassman

Mientras nos identificamos como "personas" —como un "yo personal"—, vivimos la vida de un personaje, no lo que realmente somos; estamos llevando a cabo una impostura que no es sino reflejo de la ignorancia básica de nuestra identidad.

Enrique Martínez Lozano

Los médicos más peligrosos son aquellos que, habiendo nacido actores, imitan a los verdaderos médicos con perfecta impostura.

Friedrich Nietzsche

*¡Hoy resulta que es lo mismo ser derecho que traidor!...
¡Ignorante, sabio o chorro, generoso o estafador!
¡Todo es igual! ¡Nada es mejor!
¡Lo mismo un burro que un gran profesor.*

*No hay "aplazaos", ni escalafón,
los inmorales nos han "igualao".
Si uno vive en la impostura y otro roba en su ambición,
¡da lo mismo que sea cura, colchonero,
rey de bastos, caradura o polizón!*

Cambalache. Tango 1934

*Creemos que pedir perdón es algo reservado para los niños
pequeños, un recordatorio incómodo
de que todavía no hemos madurado lo suficiente y, ya de
mayores, se convierte en una impostura, en falso discurso.*

Ismael Ramos

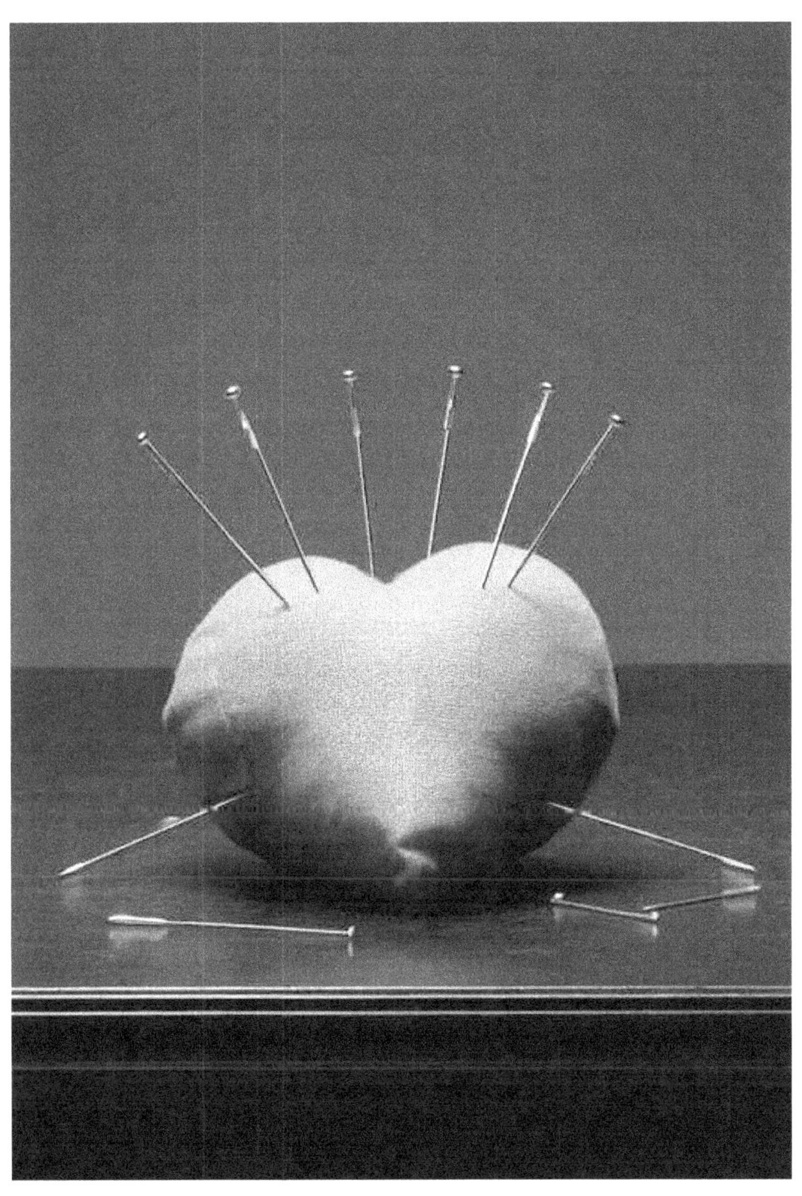

LA VENGANZA

a

Vengarse es de cobardes, de traidores perversos. Son tan ingenuos que no son conscientes del daño que se están haciendo a sí mismos por más que sientan la satisfacción de ver el daño que infligen al supuesto enemigo. He aquí un atajo descarado y descarnado.

La idea más tramposa que existe en relación a la venganza es: *ya le he perdonado, pero no olvido*. He aquí la manifestación del consciente y del inconsciente de forma sibilina, harto complejo de desentrañar y de aceptar.

¿Por qué nos vengamos? En primer lugar, por ignorancia. La venganza es la inconsciencia de estar en un cuerpo físico y, a la vez, ser una chispa divina. Y en segundo lugar por la creencia de que *conseguimos* algún beneficio. Es un atajo despiadado e inútil.

Los sinónimos de venganza nos dan alguna pista de qué estamos hablando: revancha, desquite, represalia, resarcimiento, ajuste, escarmiento, vindicación, vindicta, vendetta. Todos ellos están en contraposición con el antónimo que la propia Real Academia de la Lengua señala, que no es otro que el perdón. Porque este no es sino una manera sutil de colocarse en un lugar de poder que no es ni sano ni justo: te perdono porque no te enteras.

Si la venganza tiene algo de revancha o de represalia por lo recibido, sea esto una ofensa o una violación de derechos, no nos faculta, no sólo para devolver lo mismo, sino tampoco para adoptar una actitud condescendiente con el presunto agresor. Los grandes sabios han recurrido más a la indiferencia y el olvido que al llamado *perdón cristiano*, lleno de la hojarasca religiosa que nos ha impregnado.

Otra frase recurrente en este atajo es: *la venganza se sirve en un plato frío*. Por lo tanto, parece que hay que esperar, encontrar la oportunidad y devolver el dolor recibido y, si puede ser, aumentado. Esto conduce inevitablemente a permanecer en un estado de alerta y observación insana de cuándo es el momento de la venganza, de encontrar el momento que nuestra víctima menos se lo espera, ya sea porque no lo espera de nosotros o porque ya ha pasado demasiado tiempo y parece que aquello quedó zanjado.

Lo que ha ocurrido es que el vengador ha seguido aumentando su malestar psíquico con el paso de tiempo, no ha sabido comunicar sus emociones y su insatisfacción con lo ocurrido y, en ese proceso, ha ido deformando los hechos, tergiversando las palabras y aumentando su deseo de escarmiento. Toda una constelación de emociones que se sustancian en un sentimiento de desquite, es decir, lo que llamamos venganza: ahora te toca a ti sufrir lo que yo sufrí.

Vengarse es un atajo que suele traer más perjuicios que beneficios, si es que llamamos beneficio a sentir placer en observar el sufrimiento ajeno provocado por nosotros mismos. Es una maniobra que personalmente suele traer sufrimiento en ambas partes y cultural y socialmente ha traído desgracias a millones de personas a lo largo de la

Historia. Solo tenemos que revisar cuales han sido el origen de muchas de las guerras y conflictos bélicos y su justificación oficial. Los humanos tendemos a creer que con más agresión se obtiene el ajuste o escarmiento que equilibra lo recibido como injusto, y el atajo inmediato que nos surge es la venganza: *pues ahora te vas a enterar.*

Hemos dicho que la venganza es perversa porque deforma la realidad. Todos nos equivocamos, todos somos causantes de dolor en nuestros prójimos-próximos, ya sea con nuestras palabras o hechos, y de manera similar los demás lo hacen con nosotros: se equivocan y nos hieren. La realidad es que todos nos podemos llegar a sentir agraviados y agredidos, pero la *solución* no puede ser volver a herir. La vida humana ha demostrado que se consigue más *con miel que con hiel*, y esta es una sabiduría popular que no deberíamos obviar.

En un sentido más amplio y como veremos más adelante, en el atajo de la manipulación, el ejemplo más cruel de venganza son las guerras, como ya hemos apuntado. Todas ellas han sido y son manipulaciones interesadas de unas élites, unas pocas personas sobre el resto de la Humanidad.

Se justifican e intentan explicar, pero todos sabemos que no hay razón ética ninguna para matar personas y destruir vidas por ideologías u otras sinrazones. Pero una vez en marcha, en la guerra parece haber *barra libre* para algunas de las peores perversidades humanas, entre ellas las venganzas. Pueden ser personales, familiares o colectivas y pueden ser crueles o sofisticadas, pero da igual, porque lo que ha ocurrido es que se ha encontrado un atajo para, de forma inconsciente, satisfacer algunas *cuentas pendientes* que en una vida civil y sin guerra, no se habrían producido. Basta recordar en España, la Guerra Civil del siglo pasado; en la antigua Yugoslavia más recientemente; en Líbano, Libia, Sudán, Yemen, Chile, Nicaragua, y la lista es interminable. Los casos conocidos de venganzas y los que seguramente no hemos sabido, son algo cotidiano en un clima bélico y se normaliza el *ahora me toca a mi* como explicación para reestablecer un hipotético desequilibrio.

Y qué decir de la venganza de las parejas que no dudan en manipular a los hijos frente al otro progenitor. Saben lo que más les va a doler y utilizan esta cruel artimaña para que el otro se sienta herido. Esta falta de amor y de respeto está en la base de todas las venganzas y, ante la falta de comunicación y de equilibrio, se establecen *vínculos* patológicos muy dañinos.

La venganza es un atajo propio de personas que se desconocen a sí mismas, que han perdido su esencia humana y divina, con muy escaso compromiso espiritual.

β

Venganza. Satisfacción que se toma
del agravio o daño recibidos.

RAE

Antes de embarcarte en un viaje de venganza,
cava dos tumbas.

Confucio

La venganza sólo es dulce para aquellos
que el rencor les ha tergiversado el gusto.

Si murmurar la verdad aún puede ser la justicia de los
débiles, la calumnia no puede ser nunca
más que la venganza de los cobardes.

Jacinto Benavente

Usar la venganza con el más fuerte, es locura;
con el igual es peligroso y con el débil es vileza.

Pietro Metastasio

Las personas débiles se vengan.
Las fuertes perdonan.
Las personas inteligentes ignoran.

Albert Einstein

EL VICTIMISMO

α

Ser víctima no es hacerse la víctima. El victimismo es un atajo exacerbado de una situación que comienza siendo real y necesita atención y termina siendo una manera de estar en el mundo, un modo de ser que nos proporciona ventajas. Es entonces cuando se convierte en un mal atajo que cercena nuestra autonomía y poder personal.

Victimizarse permanentemente puede convertirse en un eficaz sistema para manipular a los demás. El victimismo cronificado es una elección que puede aportar, en algunos casos, numerosos beneficios, y no siempre somos conscientes del bucle en el que podemos estar metidos. Echar la culpa a los otros, a la mala suerte, a los poderes fácticos, a las negligencias médicas, a la genética, a los despistes... (la lista puede ser muy larga), no hace otra cosa que convertirnos en marionetas de no se sabe bien de qué o de quién.

Ese aparente determinismo nos apresa y culpamos a todos y a todo, menos a nosotros mismos. La lógica desaparece, las relaciones causa-efecto también, así que sólo queda agarrarnos a la sinrazón del victimismo y así sacar el máximo partido de ese destino que parece estar en contra nuestra.

Y vaya que si se le saca rendimiento. La persona que ha elegido ser víctima (porque es una elección, no lo olvidemos, aunque inicialmente sea inconsciente) espera todo de los demás y muy poco de sí misma. Así que la familia, las amistades, los médicos, los psicólogos y terapeutas, los vecinos y un largo etcétera, no van a poder cubrir sus expectativas de ayuda y cuidados. Y si lo hacen, y esto es lo grave, ya rebuscaran en el cajón de la sinrazón, para encontrar razones por las que aún no es suficiente. Salir del rol de víctima es muy costoso, muy incómodo y, la mayor parte de las veces, no se está en disposición y actitud de querer salir.

Las personas victimistas huyen de las soluciones razonables, de las alternativas por investigar, en suma, de salir de su zona de confort. Muy al contrario, se vuelven expertos en retorcer la situación hasta niveles inconcebibles y convierten cada pequeño avance o mejora, ya sea de una enfermedad o de una situación difícil, en el aviso de que las cosas van a ir a peor. He aquí la profecía autocumplida que tan bien manejan. Dejar de ser victimas es peligroso, porque quizá *pierdan* los beneficios que les reporta que les atiendan, les mimen y les valoren, mientras sigan siendo victimas.

Desde un punto de vista personal, la persona-víctima termina siendo una carga para los próximos: familiares, amigos, parejas, compañeros..., y así es como se establecen relaciones enfermizas y desequilibradas. Dejar de considerarlas víctimas provoca enfrentamientos y discusiones vanas y seguir considerándolas es igualmente conflictivo. Esto se agudiza a veces con las personas mayores y ancianas, pero no es exclusivamente una cuestión de edad. Hay adolescentes que también entran en esta espiral e igualmente ocurre en las relaciones de pareja, de amistad y de padres e hijos.

Es un atajo que no se busca, pero sí que se aprende pronto. Basta que tengamos un accidente, una pérdida de trabajo, un desengaño amoroso o un deterioro físico o psíquico y los demás se *vuelquen* en atendernos, en aportar soluciones y apoyo. De forma natural, vemos y sentimos que nos dedican más tiempo, su trato es más delicado o cualquier otra forma de cariño y eso nos gusta. Hacemos lo que sea por seguir manteniendo ese status que tantos beneficios nos está aportando, aunque inicialmente sea de manera inconsciente y no premeditada. Alargar en el tiempo estas situaciones nos puede hacer caer en un victimismo inicial que no tarda en cronificarse. Y es así, como empezamos a tener un verdadero problema.

Otra dificultad añadida de este atajo es su no reconocimiento. La víctima apela a que su enfermedad es real y los dolores son reales. La pérdida del trabajo ha sido real y no es ningún *invento*. Las dificultades económicas y financieras son evidentes y no pueden ocultarse. Y esta es la trampa, porque esto le pasa a la mayoría de las personas y aún así, buscan soluciones y alternativas y suelen encontrarlas. La persona presa del victimismo no hace eso porque su autoconcepto es muy bajo y se ha desempoderado y no cree que tenga fuerzas para salir de esas dificultades.

 Como la víctima no reconoce su victimismo, es complejo deshacerse de las trampas implícitas en este atajo y ello nos lleva a la consideración espiritual que aquí se dirime. Hemos venido a aprender y recordar que somos semillas divinas y ello implica hacerlo desde la dimensión física, que es inevitablemente y en muchas ocasiones, dura y penosa. Pero pasar penas, dolores y apuros es una de las maneras que tenemos de conocer nuestros límites y nuestras potencialidades. Y es a partir de ese conocimiento y autoconocimiento que podemos desarrollarnos como personas con una visión más global de la existencia y del sentido de vivir en esta dimensión.

Aferrarse al rol del victimismo es un atajo que nos hace carceleros de los que nos cuidan y aman y presos de nosotros mismos.

β

*Victimismo. Tendencia a considerarse víctima
o hacerse pasar por tal.*

RAE

*Si actúas como una víctima
es posible que seas tratado como tal.*

Paulo Coehlo

*Sólo porque algunas personas estén llenas de drama, no
significa que tú tengas que asistir a la función.*

Cheryl Richarson

*El quejarte de las cosas sin hacer alguna acción concreta
para remediarlas o cambiarlas, solo hace
que vivas en un escenario de victimismo constante.*

Alfonso Guerrero

*Todos hemos sido piedra en la vida de alguien. Todos.
Así que mejor dejar el victimismo y en lugar de preguntarnos
por qué, cambiar y empezar a preguntarnos para qué.
Para qué me ha sucedido esto, qué puedo aprender.*

Marwan, Los amores imparables

Cuando uno está desconectado de sí mismo, siempre adopta el rol de víctima. Vuelve a tu centro y recupera tu poder porque tu eres el creador de tu propia vida.

Arnau de Tera

No puedes controlar lo que te sucede, pero sí puedes controlar cómo reaccionas ante ello.

Aforismo

LOS CELOS

a

Las personas celosas son cuidadoras de lo suyo, de los suyos, de su intimidad e integridad. No hay una buena crianza de un bebé humano si no hay cuidadoso celo en hacerla con la máxima atención y mimo. Entonces, ¿dónde está el atajo inconveniente? En ningún sitio. El celo es necesario y creador. Los celos son innecesarios y destructores. Un mal atajo.

Los celos son un invento, una ficción, una impostura para deteriorar las relaciones, sean éstas de pareja, de familia, de amigos o profesionales. Es bien conocido el proceso de celos que algunos niños pasan cuando llega un nuevo hermano.

A diferencia del celo, del cuidado de lo que amamos, los celos suelen ser patológicos, posesivos y obsesivos. Es una obsesión por *encontrar* una causa a nuestras suposiciones y así no afrontar el verdadero camino de sanación: la comunicación honesta, sincera y asertiva. Así que se escoge un camino más corto, un atajo que falsea la relación, la empobrece y la arruina.

La persona celosa no sólo se vuelve perspicaz en su búsqueda de datos que confirmen su hipótesis (la más conocida es la infidelidad de la pareja), sino que tergiversa su percepción de la realidad: ve lo que los demás no ven, cree que escucha lo que no se ha dicho y da por ciertas observaciones e informaciones que, en muchas ocasiones, están lejos de ser reales. El motivo no es otro que su necesidad de que se confirmen sus supuestos.

La persona celosa ha elegido un atajo destructor, perverso, que siempre acaba mal. Se convierte en un ladrón de Energía, un buscador incansable de datos que le confirmen sus hipótesis de infidelidad o deslealtad. Y si no los encuentra, los inventa. La persona celosa se agota y la persona afectada por los celos aún más, porque es consciente de la locura de la situación y de la sinrazón de seguir en esa situación ficticiamente creada.

Muy a menudo los procesos de celotipia son un camuflaje para deteriorar una relación y así tener la *excusa* necesaria para abandonarla. Ocurre así por su falta de valentía para afrontar con firmeza que ya no se quiere a la persona y ser incapaces de aceptar que esa es la realidad. Este proceso es inconsciente la mayor parte de las veces y eso dificulta en exceso encontrar alguna salida viable. Estamos hablando de personas con muy baja autoestima y, por lo tanto, con un autoconcepto deteriorado, que cargan en *el otro o la otra,* la explicación a su comportamiento.

Si consiguen llegar a la consulta de un terapeuta, sacan todo su arsenal de motivos, fechas, datos y detalles, que, escuchados serenamente, destilan una incoherencia y falsedad abrumadora. Cierto que hay personas infieles y desleales (lo hemos detallado al ver los atajos de la impostura y la mentira) pero aquí hablamos de personas que se inventan una realidad que no existe, absolutamente convencidas de sus argumentos y dispuestas a pelear su versión hasta el agotamiento. Y agotadas quedan las personas afectadas, lejos de ver otra salida que la ruptura.

Los celos o son patológicos o no son celos. Estar pendiente y atentos a nuestras personas amadas es lo natural, es mandar señales de amor. Esto permite permanecer junto a otra persona sin necesidad de *poseerla*.

La persona celosa está proyectando su sombra, su ego deteriorado, en la otra persona, que se ve incapaz de entender qué está pasando y que, por más que argumente la necedad de tanta suposición injustificada, no consigue revertir el posicionamiento de la persona celosa.

Una característica peculiar de la persona celosa es la que se desarrolla en el mundo laboral. Si se tienen celos (que cómo ya podemos entrever, es una exacerbación de la envidia) del compañero o de los superiores, se buscan situaciones nimias para justificar nuestras críticas y comentarios. Casi da igual lo que ocurra (problemas con los horarios, con el contenido de trabajo, con los objetos de uso compartido, turnos de las vacaciones,...), la persona celosa nos explicará el motivo de sus quejas de mil maneras, a cuál más absurda y poco sostenible.

Lo que está debajo de esto es una autovaloración baja, un autoconcepto muy débil y una escasa capacidad de autocrítica. Las personas celosas pueden llegar a ser tan hostiles e hirientes que terminan por quedarse solas y casi marginadas, lo que retroalimenta sus suposiciones. Un mal atajo, sin duda, porque estas personas apenas son

conscientes de este enmarañado proceso y tienen justifi-
caciones razonadas y, según ellas, muy bien razonadas,
para lo que ocurre. Difícil desprenderse de este enroque.

No debería extrañarnos estas situaciones de celotipia,
porque en ocasiones ocurren muy pronto. Es muy conocido el proceso de celos que se puede desencadenar con
la llegada de un hermano, un nuevo bebé en la casa. El
primogénito siente que se le acaban las atenciones y las
energías que solo iban hacia él y ahora parece que se re-
parten.

En definitiva, estamos ante un mal atajo que está impi-
diendo descubrir nuestro poder y nuestras capacidades.
Situamos en el comportamiento de los otros, la causa de
esa insatisfacción continua que nos agobia, cuando no es
así. Se trata pues de redirigir la atención hacia nosotros,
a nuestro interior más honesto (y divino) y preguntarnos
qué quiero conseguir y qué puedo cambiar en mí.

Los celos es, en suma, una manifestación del miedo, el
temor a no ser lo suficientemente valiosos y, por ello, las
personas celosas están muy lejos de su corazón, del amor
y de la generosidad del alma.

β

*Celo. Cuidado, esmero,
diligencia que alguien pone al hacer algo.*

RAE

*Celos. Sospecha, inquietud o temor de que
la persona amada deposite su cariño en otra.*

RAE

*El celoso acaba siempre como el escorpión,
picado por su propia cola.*

*Los celos son posesión, no importa cómo quieran pintarlos.
Es asfixiar al otro en nombre de un amor enfermizo.*

Walter Riso

*Para ser celoso hace falta imaginación; ya que la persona
celosa sufre más por lo que inventa en su cabeza,
que por lo que pasa frente a sus ojos.*

José Israel Negrón

*Casi siempre los celos se relacionan con la envidia.
Pero la diferencia básica es que se siente envidia de lo que
uno no tiene y se tienen celos de lo que uno tiene.*

EL ROBO

a

Robar es fácil, sólo que tiene consecuencias. Si no fuera así, todos robaríamos siempre que pudiéramos. Roban los insectos, las aves, los mamíferos, las personas comunes, las loterías y juegos de azar, los ladrones, los políticos de todo pelaje y, por supuesto, los Estados, los Bancos y muchas instituciones de aparente bienhacer, amén de las familias más ricas en términos financieros.

Entonces, ¿qué es robar exactamente? ¿por qué está tan generalizado el robo? Porque es un atajo: nos evita el esfuerzo y la espera para conseguir algo y nos acelera la obtención de beneficios que, de otra manera, o no conseguiríamos nunca o tardaríamos tanto que perdería sentido esperar. La lotería de los Estados es un paradigma exacto.

La mayor parte de las personas asocia robar a apropiarse indebidamente de dinero, monedas, oro, joyas, wifi, y objetos de todo tipo. No obstante, este es el tipo de robo más común pero el menos peligroso. El verdadero problema de robar es cuando se convierte en un atajo para quitarte valores como la libertad, la alegría, la bondad, la honestidad, en definitiva, la vida con sentido.

Es en estos valores donde se plasma fehacientemente el sentido del robo como atajo. Pensemos en el tiempo, como ejemplo. Muchas personas roban el tiempo de otras con sus manías y su palabrería. Muchos trabajos y sus responsables, roban el tiempo de sus empleados asignándoles tareas y funciones improductivas e incluso denigrantes. Algunas personas hacen *perder el tiempo* a sus potenciales parejas no construyendo lazos sólidos que fructifiquen en un proyecto común. Acabamos de ver cómo los celos son un ejemplo perfecto. Ciertos amigos te roban una gran parte de tu tiempo con sus retrasos y veleidades. La lista puede ser interminable. Y tenemos que reconocer que esta vida es muy corta y *no hemos venido a perder el tiempo.*

Todos estos robos y otros parecidos hacen que, por ser políticamente correctos, aceptemos lo inaceptable y vayamos cayendo de forma imperceptible en una maraña de normas y abusos que raramente pasan a nuestro consciente.

En mi opinión, un caso paradigmático de robo es la política de las instituciones bancarias. Se deposita el dinero en una sucursal bancaria y *creemos* que nuestro dinero está allí bien guardado y a nuestra disposición. Craso error.

La educación financiera que hemos recibido es prácticamente nula y apenas algunas personas saben que ese dinero está disponible para el banco, pero no para ti. Reservan el uno por ciento (reserva fraccionaria se llama) y el 99% restante lo invierten según sus criterios financieros y tú no te beneficias de ello. Como saben que la mayor parte de los depositantes no vamos a ir a la sucursal el mismo día a retirar nuestro depósito (que no es más que un apunte en un ordenador), pueden jugar con nuestro dinero y, para colmo, esto es legal. Ya se han encargado los políticos, que dependen de sus préstamos, de hacer que así sea.

Este tipo de robos son los peligrosos porque no somos consciente de ellos. Y sólo tenemos que recordar cómo empiezan las guerras y cómo acaban y sus consecuencias dramáticas: miles de jóvenes muertos y heridos, miles de civiles muertos, desaparecidos y destrozados sus proyectos de vida, pérdida de propiedades y un etcétera interminable. He aquí un robo mayúsculo. Un atajo para que unos pocos, a costa de casi todo, se enriquezcan obscenamente. Toda guerra es un gigantesco robo.

Hemos dicho al principio que robar es fácil pero sus consecuencias son funestas y largas. Hay familias que cortan la relación a partir de un desacuerdo en el reparto de la herencia. Hay personas que se deterioran porque sienten que un hijo o hija les ha *robado* el afecto y atención de su pareja. Hay amigos que pierden la relación porque sienten que no reciben lo que dan y se les está robando su confianza y lealtad. Hay compañeros de trabajo que se aprovechan de nuestra generosidad y nos roban funciones y méritos. Todos estos *robos* y más ocurren bajo una aparente normalidad en nuestra sociedad, llena de prejuicios implícitos y poco clarificados.

Porque realmente estamos ante un dilema espiritual: no está bien apropiarme de lo ajeno sea esto material, físico, psíquico o moral; pero tampoco está bien dejarme robar ya sea a sabiendas o inconscientemente.

Por duro que nos parezca, hay hijos que roban a sus padres, no sólo dinero, sino también la salud, la tranquilidad y la confianza. Y estos padres *aguantan* el robo por lo que consideran un bien mayor, como puede ser mantener la relación paterno-filial. Este es un atajo perverso y demoledor.

Ese mismo dilema ético se plantea en las familias que tienen algún miembro con una o varias adicciones: drogas, alcohol, juego,… Muchas de ellas *ven* cómo se les está robando literalmente y también son capaces de intuir que se les está robando la salud y la estabilidad familiar. Pero no encuentran salida porque las lealtades son más fuertes que sus equilibrios internos. Sirva esto para recordar que el que roba es preso también de estas emociones enfermizas e ilógicas y es por lo que mantiene el atajo de seguir *robando* a la familia y a los amigos. Se ha creado una impostura y todos se mienten a sí mismos.

Como vamos viendo, todos los malos atajos se autonutren y retroalimentan. El inconsciente nos la juega. Casi todas las personas consideran que robar es *malo*, porque hay una conciencia de su perversidad, pero siguen haciéndolo con excusas del tipo *todos roban si pueden, todos los impuestos son un robo, a mi también me han robado, no pasa nada si robas a los ricos* y otras parecidas. Pero no debemos olvidar que el libre albedrío no nos faculta para entrar en el desequilibrio que nuestra alma siente. Robar, en suma, es tener una mentalidad de escasez, cuando la vida es abundante y generosa.

En definitiva, no es sensato robar cosas materiales, pero mucho menos lo es robar la alegría, la tranquilidad o la confianza de los demás. Es sustraer su Energía, su Poder y su Divinidad, que es exactamente lo que nosotros perdemos al robar.

β

*Robar. Quitar o tomar para sí
con violencia o con fuerza lo ajeno.*

RAE

*No me importa que hayan robado mi idea...
me importa que no tengan la suya.*

Nicola Tesla

*La gente no roba por necesidad, por necesidad
la gente se levanta temprano y va a trabajar,
no romanticemos la delincuencia.
La gente de valores vende comida, dulces, cosas.
Pero jamás roba.*

New World Marketing

*La ignorancia es tan grande
que los ladrones no roban libros.*

*Lo que provoca envidia no es el dinero,
la casa o el auto que tienes.
Algunas veces el envidioso tiene más.
Lo que le causa envidia es tu brillo
y eso jamás se puede apagar. Ni robar.*

Ameliejulieta

*La informalidad en atender una cita
es un claro acto de deshonestidad.
Igual puedes robar el dinero de una persona
si robas su tiempo.*

Horace Mann

*La riqueza no es fruto del trabajo
sino el resultado de un robo organizado y protegido.*

Franz Fanon

Ten cuidado con los miedos, les encanta robar sueños.

Faro de Murgi

Quien paga para llegar, llega para robar.

Carlos Gaviria

LA MANIPULACIÓN

α

Manipular algo, objetos y cosas, es normalmente aceptado. Manipular personas y situaciones, suele verse como
algo negativo y pernicioso. El atajo de la manipulación
está servido.

Todos manipulamos, como todos mentimos y todos somos impostores. Entonces, ¿de qué estamos hablando
cuando observamos la manipulación propia y la de los
demás? Basta observar a los medios de comunicación
masivos, a las recientes redes sociales, a las artimañas
de los dirigentes políticos o a las sutilezas del lenguaje
de los periodistas y comentaristas. Pero también hay que
prestar atención a las influencias de los padres y otros familiares, a los vecinos y amigos y a los lideres religiosos.

La manipulación está en la educación formal, en los pro
fesionales, en la publicidad y en las calles del barrio. Es
decir, estamos rodeados de mentiras, imposturas y envidias. Y aún siendo esto cierto en gran medida, no hay
manipulación peor que la propia, porque nosotros nos
engañamos, nos mentimos y aceptamos como verdad lo
que sabemos fehacientemente que no lo es.

Un ejemplo claro es la fase de enamoramiento de una pareja, en la que *aceptamos* como bueno lo que sabemos y
sentimos que no es lo correcto, mas nos manipulamos a
nosotros mismos y nos decimos que todo va bien. Algo
nos resuena en nuestro interior como falso y, no obs-

tante, nuestro ego nos habla y convence de que hay que seguir adelante, tragamos con falsedades y todo por un supuesto bien posterior.

Sea por ignorancia o por comodidad, admitimos ser manipulados porque inicialmente nos va mejor siendo obedientes y dóciles, como ya hemos visto. Pero, a largo plazo, y llenos de los hábitos fraguados en la infancia, admitimos lo inadmisible y terminamos siendo nosotros los manipuladores, con nuestras mentiras, victimismos y celos. Y es así que se cumple el peor de los escenarios: admitimos la manipulación como algo consustancial a esta sociedad. Y no es una buena opción, nada buena, porque nos convierte en seres sin chispa, sin rebeldía, sin autenticidad.

La manipulación tiene su origen en el miedo, entendido como un estado de parasitación de nuestra libertad y una degradación de nuestro amor propio. El miedo extremo paraliza, pero el miedo cotidiano aún nos permite sobrevivir (que no vivir) y mantenemos la ficción de que se puede aguantar. Gran error, si consideramos que todo miedo es la antítesis del amor, por lo que viviremos sin brillo, sin luz, asustados por lo que parece ser un gigante invencible: un sistema donde la verdad hiere y la falsedad parece triunfar.

Y esto ocurre porque la mayor parte de nuestros miedos son inconscientes y están ocultos o disfrazados de pequeñas ventajas. Si en la familia origen ya los tuvimos, los tendremos en la vida laboral, en la vida de pareja, con las amistades. Es necesario revisar y repasar nuestros miedos porque descubriremos de qué manipulaciones somos presos; tanto las propias como las de los demás.

Un ejemplo muy claro para entender la manipulación es observar cómo nos han contado las historias de la familia y la Historia de los pueblos. En ambos casos se produce una versión de los hechos y sus motivos, de las causas y sus consecuencias y, sin mucho problema, detectaremos los sesgos del cuento que nos han contado. Recordemos que la Historia la relatan los vencedores y, en el caso de las familias, te cuentan la versión más aceptable para ti, pero también para los intereses del que te la cuenta. Y todos tenemos intereses, querencias y versiones.

Otro motivo de la manipulación es el miedo a no ser aceptado por el grupo, el clan, la familia o el entorno social. Aceptamos ser manipulados porque *fuera* se está muy incómodo y no soportamos el aislamiento o el marcaje como *ovejas negras*. Ser auténticos, con brillo personal, porque sabemos defender nuestro posicionamiento, tiene un costo que no estamos dispuestos a pagar y atajamos aceptando lo que sea con tal de no ser excluidos.

Otra de las grandes manipulaciones que sufrimos, y que también hacemos cada uno, está relacionada con el lenguaje y la manipulación de las palabras, ese genuino poder humano de utilizar el carácter simbólico que la comunicación verbal posee. Carme Jiménez Huertas (15) insiste en que *estamos hechos de lenguaje y cómo se manipula el discurso con el lenguaje de la posverdad para impedir el discernimiento*. De igual manera, Álex Grijelmo (19) afirma que *las palabras son los embriones de las ideas, porque según qué palabras utilicemos así formaremos nuestro pensamiento. Por eso los vocablos que se emplean en la política, la publicidad, la literatura, el amor…constituyen un elemento de poder, porque moldean la mente de quién las recibe.*

Y también del que las emite, claro. Siempre me ha parecido una manipulación perversa que llamen los publicistas una escapada, a un pequeño viaje de fin de semana ¿De qué hay que escapar? O vaya a tal lugar porque allí podrá desconectar ¿De qué hay que desconectarse?

Vemos, pues, que las palabras son arpones a la línea de flotación de nuestro equilibrio interno, armas de destrucción de nuestra sensatez, y esto ocurre porque gran parte de ellas van al inconsciente, donde no se razona ni se siente mucho y así nos pueden manipular creando disonancias cognitivas y emocionales.

Ese poder que acabamos de enfatizar lo ejercen a veces nuestros padres, familiares, profesores y amigos y, por descontado, también lo ejercemos nosotros. Muchas palabras tienen la fuerza suficiente para dejarnos sin aliento y sin más palabras: difícil seguir si no puedo ni respirar ni expresar. A partir de ahí, la manipulación está casi garantizada.

Para visualizar más aún las prácticas manipulativas es necesario recapacitar en el *modus operandi* de ciertas instituciones y corporaciones públicas y privadas, que no es sino el reflejo personal de nuestra mente manipulada y manipuladora. Nos cuentan que estas instituciones, la mayor parte supranacionales, actúan para el beneficio colectivo de la sociedad y las naciones y, por extensión, de las personas. Lejos, muy lejos, de la verdad. La manipulación de la información, o directamente su ocultación y censura, hace posible que sigamos creyendo en este cuento de hadas, porque la realidad es muy otra.

La O.N.U., Organización de Naciones Unidas, tiene un pequeño grupo de cinco naciones con derecho a veto, ¿por qué el resto no lo tiene? La FED, la Reserva Federal de los USA, que es la entidad que *fabrica* los billetes de dólar, es una institución privada de banqueros que después vende los dólares al Gobierno de la nación, ¿cómo es posible que ocurra algo así? La O.M.S, Organización Mundial de la Salud, se sostiene con donaciones y aportaciones no solo de países sino también de instituciones y fundaciones privadas, así como de empresas farmacéuticas afines, ¿qué garantías de seguridad tenemos de no estar ante un conflicto de intereses? El Banco Central Europeo, también *fabrica* la moneda del euro ¿en base a qué imprime más o menos euros si no está respaldado con nada? Y así podríamos seguir con muchas otras instituciones.

En su libro más reciente, *Libertad o Tiranía* (15), Cristina Martín Jiménez repasa de forma brillante cómo todas estas y otras muchas instituciones nos manipulan desde hace siglos:

> *Sin embargo, no debemos pasar por alto un dato importante que está marcando un giro en los acontecimientos: también ahora, como en la Antigüedad, unos pocos valientes les retamos y les desafiamos, combatimos sus mentiras, no obedecemos sus órdenes..., por-*

que pretenden conducirnos a la tiranía cuando, por el contrario, sabemos que nuestro origen y nuestro destino es la Libertad.

Pero vayamos por partes... Primero debemos entender los puntos básicos —qué somos y de dónde venimos— para comprender en su plena dimensión el significado de lo que está pasando y ver dónde aplican con mayor intensidad su manipulación, su censura y sus mentiras para conseguir la dominación mundial. Su objetivo es derrocar una civilización y construir otra a imagen y semejanza de lo que son: unos psicópatas, unos tiranos sin alma.

(...) Pero esa es solo su primera fase, para continuar luego con el resto del mundo y levantar sobre sus cenizas una nueva civilización sostenida por un gobierno mundial totalitario mediante la tecnología.

Este es el plan diseñado sobre el papel por los ingenieros de los laboratorios sociales. Pero lo que en realidad sucede es que, cuando manejas tantos hilos a lo largo y ancho del planeta, se acaba perdiendo el control.

El Caos genera nuevos y diversos caos que no estaban previstos y que resultan incontrolables debido a que los elementos manipulados —las piezas— son seres humanos y cada cual tiene sus propios intereses, diferentes de los de quienes han pagado para conseguir el dominio total: hay plutócratas, ingenieros sociales, intelectuales, políticos, economistas, científicos... y todos y cada uno de ellos persigue su propio interés. La visión de los plutócratas y sus paniaguados es materialista, y los primeros sostienen que el dinero lo compra todo y a todos. Pero también estamos nosotros, los atacados, los invadidos, los rebeldes. Ellos siempre olvidan la dimensión espiritual humana.

Quiero resaltar que la función originaria de los primeros gobernantes civilizados de la Tierra era mantener la armonía de las comunidades. Según fuera su capacidad para lograrlo, los gobernados los considerarían buenos gestores o tiranos. ¿Qué gobernantes actuales se dedican a custodiar la armonía en Occidente? Yo no veo alguno. Hacen justo lo contrario. Como veremos en los siguientes capítulos, la Agenda 2030, envuelta en eslóganes difusos y carentes de significado real, tan solo genera tiranía y caos. Una Gran Mentira con la que unos pocos pretenden deslegitimar los valores que hasta ahora han servido de base a nuestra civilización para erigir una nueva, dominada por la esclavitud, el materialismo y el borreguismo más delirante.

Si lo aplicamos esto a nuestra vida personal, ocurre casi lo mismo. La manipulación es tan sencilla como no dar información veraz. Solo decimos a nuestras familias aquello que sabemos que van a aceptar, ocultamos a nuestras parejas aquello que sabemos que les puede enfadar, compartimos ideas y actividades con las amistades si anticipamos que no habrá roces o discusiones, cumplimos con nuestro trabajo lo estrictamente necesario para no ser acusados de ineficientes o vagos. Todo esto es una manipulación de la realidad, porque la verdad puede ser poco presentable.

Por último, repasemos lo que han hecho las iglesias y religiones a lo largo de los siglos. La manipulación religiosa es uno de los paradigmas más notables porque incide en uno de los anhelos más genuinos de los humanos, su vida espiritual y sus creencias sobre qué es la muerte (16) y que es la vida (17). Prometer lo bueno para después (y no ahora, el presente, que es el verdadero regalo) es una gran manipulación, rellenada con ritos, relatos y misterios. Alejar a las personas de su propio contacto directo con la Divinidad y su propia divinidad es un atajo institucionalizado que ha hecho muy difícil distinguir la práctica religiosa de la vivencia de la espiritualidad, como bien explica Deepak Chopra (18).

Ciertamente todos manipulamos la realidad para que se acomode a nuestro pensar y nuestro sentir, pero más pronto que tarde se nos mostrará que es un atajo innecesario si se va con la verdad por delante. Aunque sólo sea nuestra verdad. En definitiva, manipulamos porque somos, en ocasiones, unos cobardes, aunque lo disfracemos de amor, solidaridad o un bienintencionado buenismo, que de nada sirve, porque no es real. Es una cobardía disfrazada, un mal atajo.

β

*Manipular. Operar con las manos
o con cualquier instrumento.*

RAE

*Intervenir con medios hábiles y, a veces, arteros, en la
política, en el mercado, en la información, etc.,
con distorsión de la verdad o la justicia,
y al servicio de intereses particulares.*

RAE

*Manipulación es cuando te hacen sentir culpable
por tu reacción a su falta de respeto.*

*La manipulación sólo prospera en los que dicen "sí"
compulsivamente a todo y en los que son débiles
a la hora de defender sus derechos.*

Walter Riso

*La manipulación mediática hace más daño que la bomba
atómica porque daña los cerebros.*

Noam Chomski

*La madurez se alcanza cuando dejas de dar explicaciones
a los demás sobre nuestras acciones.*

*Si alguien se disculpa y no cambia,
no era disculpa, era manipulación.*

Ismael Mejía

*Lo que las personas sienten es tan importante
como lo que hacen.*

B.F. Skinner

*La herramienta básica para la manipulación
de la realidad es la manipulación de las palabras.
Si puedes controlar el significado de las palabras, puedes
controlar a las personas que deben usar esas palabras.*

Philip K. Dick

*A través de la manipulación, las élites dominadoras intentan
conformar progresivamente las masas a sus objetivos.*

Paulo Freire

*No se deje engañar por lo que aparece en la superficie.
En las profundidades es donde todo se vuelve ley.*

Rainer María Rilke

Y de pronto te das cuenta… que ya no quieres desperdiciar ni un segundo del día en estar donde no te sientes cómoda, que ya no quieres ir donde se drena tu energía, que ya no quieres estar por compromiso en lugares, con personas y sentimientos que traen estrés a tu vida.

El manipulador siempre buscará hacerse la víctima para así hacerte sentirte culpable.

Psicovivir

LA CRÍTICA

α

Una crítica, etimológicamente, es una opinión. Nada que reprochar; todos tenemos opiniones. Un crítico de cine no es una persona que habla mal del cine o de una película en concreto. Simplemente opina de lo visto en la pantalla y da una interpretación. ¿Cómo entonces ha ocurrido que se ha deformado tanto el significado de la palabra crítica que ya parece que sólo se aplica a opinar lo malo de alguien o de algo? Recibir críticas, hacer críticas, ser muy criticón, aceptar las críticas, etc., parece que sólo se están refiriendo a que son malas opiniones y no necesariamente es así. Una opinión (crítica) escuchada con atención y emitida con sinceridad y cariño, puede transformar una vida.

Delia Pop Belentan afirma:

> *Hay un placer oculto en la crítica, y a veces se convierte hasta en deporte nacional haciendo corrillos para criticar al jefe, al amigo o a la cuñada. Pero criticar está totalmente relacionado con la inseguridad y de algún modo pretendemos resaltar que el otro "está por debajo" de nosotros, y lo que realmente estamos intentando lograr es sentir que nosotros "estamos por encima". Pero en realidad lo que significa es que uno tiene la necesidad de sentirse superior, porque en el fondo se siente inferior.*

> *En cambio, cuando una persona está realmente a gusto consigo misma no necesita entrar en este juego de*

superioridad/inferioridad, porque está en paz con lo que es y con lo que tiene. Así que, una forma de evaluar la autoestima de alguien es observar cuánta necesidad tiene de criticar.

Estas sabias palabras muestran el atajo que es emitir juicios y prejuicios sobre los demás, cuando lo que está surgiendo de nuestro inconsciente es la inseguridad de la que habla Delia Pop. He aquí el punto crucial del hecho de criticar/opinar sobre lo malo, lo perverso e inaceptable del otro. Emitirlo parece darnos cierto placer, cierta extraña superioridad que nos *calma* y es así que, de forma inconsciente, todos nos podemos reconocer emitiendo críticas/opiniones de los demás. Lo relevante es que al hacerlo estamos hablando de nosotros mismos, de nuestra visión del mundo, de cómo las cosas deberían hacerse, de cómo no deberían hacerse, en suma, estamos describiendo nuestra cosmovisión de la realidad, en relación a esa parte oscura, nuestra sombra, que siempre tratamos de ocultar y que encuentra el atajo de la crítica malévola o maliciosa para salir al exterior.

Como todos solemos criticar mal, todos somos criticados en el sentido que hemos descrito. Este atajo supone siempre una tergiversación de la realidad, un desencuentro con nuestro yo más amoroso y benefactor, una oportunidad perdida si no sabemos ver con inteligencia (*inter legere*, leer entre líneas) que nos estamos retratando nosotros mismos y proyectamos algo nuestro en los otros.

Es por lo anterior que cuando criticamos con la intención de dañar, estamos alargando nuestra propia sombra. Primero, porque no somos conscientes de ello y segundo, porque sale de nosotros esa parte oculta que se suele llenar de celos, envidia, rabia o venganza. Atajos todos ellos que nos desgastan y hacen que perdamos nuestra Energía y Poder.

Es muy interesante observar la sorpresa que se llevan muchas personas por las consecuencias de sus críticas y comentarios hostiles. No han dado suficiente importancia al poder de las palabras, como ya vimos en el atajo de la manipulación.

Mariano Sigman (21), en su brillante libro *El poder de las palabras*, después de un análisis exhaustivo, afirma que todas las palabras tienen un poder transformador, deformador y constructor. Una vez emitida, la palabra tiene vida propia, habrá herido o acariciado el alma, durará en la memoria de nuestro interlocutor lo que dure, horas, años o toda una vida y podrá transformarse en el interior del que la escuchó, en una tontería o una pesadilla. Somos dueños de nuestros silencios, sí, pero escasamente de las palabras emitidas.

Por ello, el atajo de criticar y opinar descuidadamente, es muy peligroso, porque habla de nosotros, de nuestra visión del mundo y de los demás, de nuestros valores y miedos. En suma, de nuestra sombra, esa parte oculta que, por definición, nos ocultamos a nosotros mismos. El inconsciente vuelve a jugarnos una mala pasada.

Emitir nuestras opiniones no tiene nada de malo, es más, suele ser lo más rentable porque sitúa a los demás correctamente frente a nosotros y, mejor aún, eleva nuestra autoestima y nos hace más responsables porque estamos expresando nuestra visión del mundo. Pero, en ocasiones, somos atacados por nuestros miedos al rechazo, al ridículo o al enfrentamiento y preferimos reservarnos y no ser francos.

Se hace necesario entonces opinar-criticar con honestidad y benevolencia, con cariño y mimo, porque ya hemos dicho que ciertas palabras son puñales que pueden herir muy profundamente. Ser tachados de vagos, incompetentes, frustrados, cínicos, inútiles, mediocres o cualquier otro calificativo de este tenor, puede provocar una devastadora vivencia interna, aunque se esté lejos de ser o sentirse así. Porque estos juicios, estas etiquetas, estas críticas globales a nuestra persona, dejan huella, vaya que si la dejan. Y, además, esta huella es muy personal porque quizá para ti, que has emitido la crítica desfavorable, no tenga una gran importancia, pero sí tenerla para la persona que ha recibido esa etiqueta o comentario.

Por todo lo anterior, ser críticos con las personas y las situaciones requiere de prudencia y pausa. Valorar y juzgar a la ligera, sin escuchar ni observar con calma, puede ser un atajo ingrato e injusto. Muchas relaciones se deterioran y cambian a partir de una sola conversación, incluso una sola palabra.

Por último, muchos de los motivos por lo que las personas hacen o dicen algo nos son totalmente desconocidos y, como nuestra mente es muy rápida, nos formamos una opinión con dos o tres datos, muchas veces incidentales y anecdóticos. Elegir el atajo de la simplificación o la globalización (efecto halo) es, no sólo imprudente sino también erróneo.

En suma, ¿quién soy yo para juzgar las propuestas de amor y libre albedrío de los demás si ya me cuesta discernir las mías propias?

β

*Criticar. Analizar pormenorizadamente algo y valorarlo
según los criterios propios de la materia de que se trate.*

RAE

*Hablar mal de alguien o de algo,
o señalar un defecto o una tacha suyos.*

RAE

*Sólo hay una manera de evitar la crítica:
no hacer nada, no decir nada y no ser nada.*

Aristóteles

*Es más difícil describir que opinar. Infinitamente más.
En vista de lo cual, todo el mundo opina.*

Josep Pla

*La cosa más difícil es conocernos a nosotros mismos;
la más fácil es hablar mal de los demás.*

Tales de Mileto

*Las críticas no son otra cosa que orgullo disimulado.
Un alma sincera para consigo misma nunca se rebajará
a la crítica. Es el cáncer en su corazón.*

Teresa de Calcuta

*Cuanto más criticas a la gente y cuanto más juzgas
cómo se comportan, más pequeño te haces
y menos aportas al mundo.*

*Quiero rodearme de gente que haga grandes cosas.
No quiero estar con gente que juzga y critica a los demás,
sino estar con gente que sueñe, emprenda y apoye.*

*La gente siempre culpa a sus circunstancias
de ser lo que son. Las personas que progresan
en este mundo son aquellas que buscan las circunstancias
que quieren y, si no son capaces de encontrarlas, las crean.*

George Bernard Shaw

*El temor a la crítica priva a las personas
de su iniciativa, les quita la confianza en sí mismas
y las daña en cien formas diferentes.*

Napoleón Hill

*Lo que criticas en los otros está en ti.
Lo que no está en ti, no lo ves.*

Alejandro Jodorowski

*Recordemos que las críticas injustas
son frecuentemente elogios disfrazados.
Recordemos que nadie patea a un perro muerto.*

Dale Carnegie

LA ENVIDIA

a

He aquí nuestra penúltima joya para entender los malos atajos: la envidia. Ya hemos visto que robar era la envidia de lo ajeno en todos los sentidos: material, psíquico, energético y espiritual. Vamos a ver ahora cómo de destructor es este atajo que, de manera inconsciente, surge cuando nos comparamos con los demás y con lo demás que nos rodea.

La envidia es inicialmente una falta de equilibrio al compararse con el otro, con el exterior. Ocurre ya en la primera infancia y nos aporta los primeros mecanismos de descubrimiento de nuestras fuerzas y nuestras debilidades.

Se queja el que se siente inferior y envidia al que le atribuye superioridad. Los otros parecen ser más fuertes, más rápidos o más altos. Los otros parecen tener mejores juguetes, más juguetes o más de lo que sea. Como salimos perdiendo en algunas ocasiones, perdemos la perspectiva de lo que queremos realmente (jugar y estar contentos) y nos adentramos en sentimientos negativos de pérdida e inferioridad. He aquí el atajo de la envidia: solucionamos el tema *deseando* lo que tienen los otros, sin reparar que sólo se trata de estar alegres y divertirse, más allá de lo que se tenga. Esta autopercepción, si se traslada a la edad adulta, tras pasar por la época álgida de la adolescencia, nos puede llevar a tener actitudes envidiosas que todos conocemos y que no nos explicamos, ni en nosotros ni en los demás.

Estaremos de acuerdo que se terminan envidiando más las características personales que las posesiones materiales. Se envidia a la persona lista e inteligente, a la simpática y alegre, a la más guapa y atractiva, a la que tiene dotes comunicativas, a la persona sensible y culta, a la que está bien con su pareja, en definitiva, a la persona que brilla con luz propia. Esta comparación no sólo es improductiva, sino que también es dañina para nuestro equilibrio y paz interior.

La persona envidiosa sufre y mucho, y habitualmente sin saberlo, sin notarlo, sin que su vida se paralice por esta actitud perniciosa. Le *sale* tan normal, como hemos visto en el caso de la crítica, que no es consciente del cristal con el que está mirando la realidad. Lleva unas gafas invisibles que deforman su percepción y todas las interacciones que le acompañan: familia, amigos, trabajo, ocio,...

Esta deformación es, en ocasiones, muy sutil; en otras, muy burda. Lo que es seguro es que vivir comparándose con lo exterior, sean cosas o personas, trae funestas consecuencias.

La persona envidiosa saca a relucir todos los atajos que puede: la mentira, el fingimiento y la impostura, la crítica mordaz, los celos y la manipulación; y todos ellos a la vez y de forma habitualmente inconsciente. Esta trampa, este autoengaño, los convierte en habilidosos justificadores de su actitud envidiosa, porque es ya su manera de ver y entender la realidad y las relaciones personales.

Por ello, no reconocerán nunca su envidia, la negarán porque realmente no creen que estén envidiando nada ni a nadie. Un bucle difícil de romper y salir de él.

Envidiar supone un desgaste energético enorme y tiene consecuencias, tanto en nuestra salud física como psíquica, pero sobre todo espiritual. Creemos que la envidia supone ambicionar lo que no tenemos, pero es más bien lo que no somos. Y como normalmente la envidia es secreta, inconfesable e inconsciente, seguimos transitando por este atajo pernicioso sin enterarnos que la única salida es mirarnos a nosotros mismos y observar qué envidiamos y a quién.

Sólo así se puede comenzar un camino de autodescubrimiento y sanación, de apertura a nuestra verdadera esencia. En definitiva, hacer el inconsciente, consciente (22).

β

Desear o apetecer algo que tienen otros.

RAE

La envidia es una declaración de inferioridad.

Napoleón Bonaparte

La envidia no siempre es por lo material; a veces la envidia es por tu personalidad, tu espíritu, tu energía, tu esfuerzo y tus ganas de superarte.

Ismael Mejía

La envidia es el homenaje que el mediocre hace al talento.

Jackson Brown

La envidia es el más sociable de los vicios. Proviene de nuestro carácter de animales gregarios.

Fernando Savater

La envidia es mil veces más terrible que el hambre, porque es hambre espiritual.

Miguel de Unamuno

*La envidia surge en la comparación con uno mismo.
Si no hay comparación, no hay envidia.*

Francis Bacon

*La envidia sana no existe: lamentablemente, toda envidia
causa un malestar y es un perjuicio
para lograr nuestros propósitos.*

Jonathan García-Allen

LA PROCRASTINACIÓN

α

Nos gusta *ganar tiempo* y lo solemos perder miserablemente. Pero si lo examinamos bien, jamás se pierde el tiempo, simplemente se emplea en otras cosas, sean útiles o no, seamos conscientes o no, por simple comodidad o apatía.

La procrastinación (vaya palabrita) es una característica de nuestra sociedad occidental, llena de posibilidades de ocio y entretenimientos, de despistes y banalidades. Un fantástico mal atajo. Y, sin embargo, es el que con más frecuencia tomamos, lo reconozcamos o no, por la simple razón de que es fácil de justificar: estoy cansado, no me da la vida, tampoco es para tanto, quizá mañana tenga más ganas, luego lo retomo y ya lo terminaré...

La lista es interminable, por lo que nos parece *normal* posponer el ahora por el después.

Solo que el después no existe. Quizá surjan otras prioridades, otros estímulos, otras necesidades y es entonces cuando corremos y buscamos recuperar el tiempo perdido. Y ya hemos dicho que no hay tiempo perdido. Creemos que va a existir mañana, cuando sólo es una hipótesis; creemos que algo bueno pasará y entonces se arreglaran las cosas; creemos que no es tan importante lo que tengo que hacer como para acabarlo ahora. Creencias y creencias (estamos llenos de ellas) que nos alejan del *aquí y ahora* (3).

Procrastinar es, en el fondo, un producto de la mente, esa señorita que tan bien nos viene para otras necesidades. La mente es, en muchas ocasiones, una tramposa, una mentirosa, una rémora. Basta recordar que cuando estamos enamorados, cuando estamos ilusionados con algo, nos alejamos de la mente y conectamos con nuestro corazón y su inmensa energía y comprobamos que no nos cuesta hacer las cosas, valoramos cada segundo que tenemos y aparecen las ganas, por la sencilla razón de que queremos ganar.

Muy probablemente todos hemos pasado exámenes y pruebas a lo largo de nuestro proceso educativo y guardamos el recuerdo de que nos falta tiempo para preparar bien dichos exámenes. Corriendo y acelerados, nos ponemos a recuperar lo que en su día demoramos y ahora sentimos que es una prioridad. Y aquí está la clave: no sentimos en su momento la citada prioridad y nos ganó la comodidad.

Es una obviedad que nos llenamos de actividades, más o menos interesantes, y que el objetivo inicial es formarnos y aprender nuevos conocimientos, o simplemente divertirnos y relajarnos. Pero lo que parece necesario es marcar bien las prioridades, dar importancia a lo que la tiene y no dejarnos arrastrar por lo inmediato.

Stephen R. Covey, en su impagable libro *Los siete hábitos de la gente altamente efectiva* (23), nos enseña que lo primero es lo primero, y coloca a este hábito como el primero de todos. Tener bien definidas las prioridades es la primera herramienta eficaz contra la procrastinación. Y la mejor manera de marcar las prioridades es sostenerse en principios.

Covey dice:

> *Los principios no son prácticas. Una práctica es una actividad o acción específica. Una práctica que da resultado en cierta circunstancia no necesariamente lo dará en otra, como pueden atestiguar los padres que han intentado educador a un segundo hijo exactamente como al primero.*

> *Mientras que las prácticas son específicas de las situaciones, los principios son verdades profundas, fundamentales, de aplicación universal. Se aplican a los individuos, a las familias, a los matrimonios y a las organizaciones privadas y públicas de todo tipo. Cuando esas verdades se interiorizan como hábitos otorgan el poder de crear una amplia variedad de prácticas para abordar diferentes situaciones.*

Queda claro entonces que posponer las tareas, aplazar los objetivos y demorar los resultados, está lejos de ser algo momentáneo o incidental. Tiene que ver con algo más profundo en nosotros, en una concepción del tiempo y del sentido de la vida de mucho más calado.

Las creencias del tipo *ya empezaré a recuperar mi forma física en enero, después de las Navidades, ya leeré este libro en vacaciones, me pondré a dieta antes del verano,* para poder usar mi bañador favorito, *cuando acabe esta situación, ya recuperaré mi estabilidad* y otras parecidas, no son sino subterfugios insanos y tramposos de la mente y sus paradigmas. Como no nos ponemos a revisarlos, caemos en el atajo de la procrastinación sin gran debate interno.

Susan Jeffers (24), relata cómo, preparando un curso denominado *Sienta el miedo...y hágalo igual* afrontó este sistema de creencias:

> *Siempre que corremos un riesgo y entramos en un territorio poco familiar, experimentamos miedo. Muy a menudo, ese miedo impide que progresemos en nuestras vidas. El secreto consiste en sentir ese miedo y hacerlo de todos modos. Juntos examinaremos los obstáculos que nos impiden experimentar la vida tal como queremos vivirla. Partiendo del hecho de que muchos damos un rodeo eligiendo el camino más cómodo; con lecturas, discusiones y ejercicios, aprenderemos a identificar nuestras excusas para "atascarnos" y a desarrollar técnicas para controlar nuestras vidas.*

La procrastinación es un rodeo (dar vueltas) en el que, si están marcadas bien las prioridades, no deberíamos caer. La razón última no es otra que, si nos pasa esto con las cosas pequeñas de cada día, ¿qué nos estará ocurriendo con los dilemas esenciales de la vida?

β

Procrastinar. Dejar para mañana, posponer, aplazar, diferir, retrasar, dilatar, demorar.

RAE

En un momento de decisión, lo mejor que puedes hacer es lo correcto, lo siguiente que puedes hacer es lo incorrecto, y lo peor que puedes hacer es nada.

Theodore Roosevelt.

Si pospones todo hasta que estés seguro de ello, nunca conseguirás nada.

Norman Vincent Peale

Una de las cosas más trágicas que sé sobre la naturaleza humana es que todos tendemos a posponer la vida. Todos soñamos con un jardín de rosas mágico sobre el horizonte, en lugar de disfrutar de las rosas que florecen fuera de nuestras ventanas hoy en día.

Dale Carnagie

Tal vez el resultado más valioso de una educación es la capacidad de hacerse a mismo, hacer lo que tienes que hacer, cuando se debe hacer, te guste o no.

Thomas Husley

Comienza a tejer y Dios te dará el hilo.

Proverbio alemán

*Si tienes metas y procrastinación no tienes nada.
Si tienes metas y tomas medidas, tendrás lo que quieras.*

Thomas J. Vilord

*A menudo hay un mayor riesgo en el aplazamiento
que en tomar una decisión equivocada.*

Harry A. Hopf

El tiempo perdido es la existencia; utilizado es la vida.

Edward Young

*Lamentar las cosas que hicimos
puede ser templado por el tiempo;
es el arrepentimiento por las cosas que no hicimos
lo que es inconsolable.*

Sydney Harris

Somos seres creadores, avatares en esta tercera dimensión en busca de la conexión con nuestro Origen. Pero acabamos de ver que tenemos la libertad de construir con limitados y malos mimbres, atajos que nos desvían de dicha conexión.

Jacobo Grinberg (25), con sus extensas aportaciones al desarrollo de la consciencia y de la construcción de la realidad, nos acercó a la enorme complejidad del cerebro humano, de las emociones y anhelos de transcendencia que poseen todas las personas, más allá de su cultura, formación y circunstancias físicas y sociales. Es responsabilidad nuestra ir caminando por unos senderos u otros, rechazando o aceptando posibilidades y alternativas.

Hemos visto los atajos que dificultan nuestro arduo camino hacia el amor, la verdad y la libertad personal. Como dijo Nicola Tesla, tenemos que elevar la Energía, la Frecuencia y la Vibración (ondas Theta) para acceder a una visión más holística de los humanos en su conjunto y develar algunas de las claves que explican porqué hemos elegido atajos tan poco eficientes.

En estos tiempos donde Internet ha aparecido como la madre nutricia de casi todo, el exceso de información nos aleja de nuestra vida interior, como un atajo *masivo* que se sustancia en nuestro uso y dependencia de aparatos (teléfono móvil, tablet, ordenador, radio, televisión) y demás medios a nuestro alcance. Basta observar a la gente en los transportes públicos, o a los jóvenes en sus reuniones, para comprobar que *algo pasa* que parece más interesante que lo que pueden observar y experimentar directamente.

Tomamos estos atajos porque buscamos el confort, el placer, el beneficio inmediato. Poco le importa al adicto al alcohol tomar el último trago, tampoco al adicto al tabaco parece inquietarle ese otro cigarrillo más, conectamos la televisión de forma casi inconsciente a ver que echan, sin preocuparnos de la manipulación de su programación (qué palabra ésta). En suma, aceptamos beneficios inmediatos, con aparente facilidad, sin una somera reflexión sobre sus perjuicios a medio y largo plazo.

Dos de las mejores herramientas que tenemos las personas en nuestro camino de autodescubrimiento son la ***atención*** y la ***intención***. La primera es poner nuestra Energía en el exterior, en los cinco sentidos nos decían, en los demás, en lo físico y material. La segunda es ponerla en el interior, en nosotros mismos, en nuestras objetivos, cualidades y potencialidades y también en nuestras debilidades y carencias.

Por desgracia, la educación que recibimos, es decir, la educación con minúsculas, no deja de ser un barniz de aparentes informaciones y conocimientos que nos alejan del Ser y nos catapultan al hacer y al tener, lo que orienta maliciosamente nuestra atención hacia lo inmediato y efímero. Marly Kuenerz (26) enfatiza en *El juego de la atención*, y más recientemente en *El Inconsciente cuántico*, la importancia de esta decisiva y ocultada fuerza, donde no existe ni pasado, ni presente ni futuro, como bien constatamos en nuestros sueños nocturnos, con sus implicaciones simbólicas y creativas.

La publicidad sería el paradigma de esta influencia sobre dónde quieren que coloquemos nuestra atención y la constatación de la escasa preparación que tenemos frente a ella: pocos segundos de exposición, imágenes impactantes, música y sonidos adicionales. Y repetición, mucha repetición. Todo lo necesario para capturar nuestra atención inconscientemente. Y esta metodología no es más que la preparación para lo que realmente buscan: alisar el camino a los mensajes sobre la política, la economía, la ciencia, los cambios sociales y de costumbres, etc. La ventana de Overton está servida:

> *Joseph Overton observó que, para cada área de gestión pública, solo un estrecho rango de potenciales políticas son consideradas aceptables, dependiendo primeramente si les conviene a los políticos apoyarlas, antes que sus preferencias personales. De esta forma, ese rango varía no cuando las ideas cambian entre los políticos, sino entre la sociedad que los elige. Para evitar comparaciones con el espectro de posiciones ideológicas izquierda-derecha, Overton desarrolló un modelo vertical de políticas que va de "más libre" a "menos libre", relativo a la intervención gubernamental, en la que las políticas aceptables se enmarcan en una "ventana" que puede moverse a lo largo de este eje, ampliarse o reducirse.*

Otro ejemplo, no menos importante, es la manoseada libertad de expresión, como señala Juan Manuel de Prada (27) en un reciente artículo cuando afirma:

Y una gran verdad, sin lugar a dudas, es que somos poco estrictos a qué ponemos atención, cuánta Energía malgastamos en aspectos irrelevantes, o cuantas discusiones absurdas mantenemos sin propósito alguno. El Inconsciente vuelve a ganar y los malos atajos están al acecho.

Por otro lado, la intención se basa en conocer bien nuestros pensamientos y, sobre todo, nuestras emociones y sentimientos. Casi nada hay sobre este punto en nuestro periodo escolar y caro que lo pagamos. La verdadera Educación, (*exducere*, extraer de dentro), como bien reflejaba Manuel Rivas (28) en su fascinante relato *La lengua de las mariposas*, no debería ser otra cosa que conectar nuestro mundo interior con el exterior, con la Vida por descubrir.

Los malos atajos son caminos sucedáneos con su carácter simbólico personal, es decir, aparentes recorridos ventajistas que se van convirtiendo con el tiempo en atascos y retrasos en nuestra búsqueda de *dar sentido* a nuestra vida. Parece que ganamos tiempo o espacio, pero sólo lo parece.

Si, de forma mayoritaria, ponemos nuestra atención en nuestro entorno exterior, lleno de incógnitas y dispersiones, sobre todo en los primeros años de nuestra vida, cosa que hace la educación formal, no tendremos la energía y la sabiduría para valorar bien todas las vivencias interiores que ocurren en nuestro contexto familiar y nuestra vida personal.

Es así como vamos perdiendo oportunidades únicas de conectar las aparentes dualidades en las que vivimos, con la Unidad de la que venimos. Es por ello que nos cuesta tanto hacer y decir lo que uno espera de sí mismo y no tanto lo que los demás esperan que hagamos y digamos.

Los malos atajos que acabamos de señalar son, en definitiva, una muestra del *desvío* de atención que la llamada formación inicial hace durante más de dos décadas de nuestra vida y el alejamiento de nuestras verdaderas intenciones de disfrutar y gozar de la vida.

No es extraño pues que muchos niños rechacen inicialmente su incorporación a la dinámica escolar que, como todos sabemos, cada vez se ha ido adelantando. Esto es intencional si consideramos que se trata de ir adormeciendo nuestro mundo interior, nuestros intereses genuinos y particulares, con una presuntamente beneficiosa educación formal: información, disciplina y socialización básicamente.

En verdad, es una *preparación* para ser dóciles y acomodados, cuando todos sabemos que la infancia es la fase de la vida que más infringimos las normas adultas, que más nos movemos físicamente y que más genuinas son nuestras preguntas e inquietudes.

Saber no es ser y esta confusión nos arrastra a trampear las situaciones incómodas. Este es el origen de las mentiras, envidias, imposturas y demás atajos que hemos visto antes. Hay una consciencia profunda de que lo que nos enseñan en la escuela, no va con nosotros, con nuestro verdadero interés e intención de experimentar la vida. El descubrimiento de nuestro cuerpo y nuestra intimidad, de nuestros gustos y aficiones, de nuestros placeres e incomodidades, de nuestras emociones y alegrías, no va parejo con el curriculum académico que nos proponen, así que hay que buscar otras salidas, espacios y tiempos, en suma, atajos.

Todo el paradigma anterior queda sedimentado aún más profundamente cuando el propio sistema, incluida la familia, es decir, lo de fuera de nuestro mundo interior personal, nos acepta mucho más si obedecemos, si seguimos las reglas, si aceptamos las cosas como nos dicen que son o deben ser, si no nos quejamos ni protestamos, en definitiva, si claudicamos a su visión del mundo.

Este proceso está en la base de nuestro enajenamiento y alejamiento de la realidad interior que se rebela como de *segunda categoría*, porque lo bueno, lo de *primera*, es ser obediente y condescendiente: ser buen chico o buena chica lo llaman.

Aquí nos encontramos con otro instrumento crucial en la creación de los malos atajos: la influencia del lenguaje, de las palabras y su poder simbólico. Ya hemos apuntado más arriba como Carme Jiménez Huertas señala con mucha precisión, este proceso de adoctrinamiento y control y nos recuerda los pasos decisivos para ello porque estamos hechos de lenguaje (20).

Todo el sistema educativo desde el Jardín de infancia a la Universidad está imbuido de forma sibilina, de que aceptemos conceptos e ideas que al Sistema le interesa. Las palabras, las etiquetas y las denominaciones, son puñales que se van clavando en nuestro inconsciente paulatinamente y *sin permiso*.

Si nos dicen en nuestra infancia que somos desobedientes, insolentes, descarados, mentirosos, tontos, aburridos, tramposos, idiotas o simplemente *malos*, entramos en una disonancia cognitiva difícil de transitar. Porque muchas veces, nosotros no nos vemos así, pero la carga peyorativa que estas y otras palabras llevan, nos obliga a doblegarnos y alejarnos de nuestras auténticas emociones, intuiciones e instintos más profundos. El niño y la niña que está despertando al mundo, se ven obligados a renunciar a sus verdaderos y genuinos intereses para contentar a sus padres y profesores, al grupo, a la autoridad, a la sociedad, en definitiva, al contexto. Aquí se está cimentando la inconsciencia de los atajos que tomamos en nuestra vida adulta para *contentar* a los otros.

Aunque esto nos ocurre a cada uno de nosotros de forma individual, también se va conformando un egregor grupal y social, lleno de palabras, conceptos e interpretaciones de la realidad que son lo *bueno*, lo aceptado en el entorno y es así como nos alejamos de nuestra visión interior. Si soy estudioso y callado, me va mejor que si soy un desastre en las calificaciones de las asignaturas y además protesto y cuestiono lo que me proponen. Se nos empuja a que seamos obedientes con las normas y una de las formas que encontramos de adaptarnos es crear atajos falsos, desencuentros con nuestra visión interior de la vida, de nuestros verdaderos deseos y sentires.

Y para terminar de cerrar el círculo de la disonancia, descubrimos, ya de adultos, que la sociedad en la que vivimos está llena de mentiras, imposturas, celos y envidias. Qué necesito ver para no sentirme ni extraño de mí mismo ni especialmente raro. Todo el mundo miente, la publicidad miente, los políticos mienten, los medios de comunicación mienten, luego no pasa nada si yo miento o envidio o tomo cualquier otro atajo que me convenga. Para colmo, esto ocurre la mayor parte de las veces de forma inconsciente, porque no nos enseñan a cuestionar y a preguntar. No nos enseñan a sentir y nos dicen qué pensar. Nuestra atención y nuestras intenciones pasan a ser mecanismos cuasiautomáticos y repetitivos, por lo que caemos en la rutina y la comodidad.

Pareciera que hace falta ser un héroe (29) para salirse de este círculo, y todos los grandes sabios a lo largo de la historia así nos lo han enseñado. Es una heroicidad desprenderse de los esquemas mentales aprendidos a lo largo de toda la vida y es una heroicidad recomponerse a través de la revisión de nuestra atención y nuestras intenciones.

Entonces, ¿dónde va nuestra Energía? Donde ponemos nuestra atención. El sistema educativo inventado en el siglo XIX por la orden jesuita (aún vigente) y los paradigmas sociales y religiosos imperantes, ya se han encargado de adormecernos y alejarnos del *Conócete a ti mismo* del oráculo de Delfos. Toda la información que nos llega y los conocimientos que nos proporcionan son *sortilegios* para parecer que estamos formados y educados. Esto, no sólo es falso, sino que nos incapacita para el discernimiento fundamental: quién soy, a qué he venido y qué aporto. Nos convertimos en ignorantes de nosotros mismos como postula Lair Ribeiro (30).

Una buena pregunta a hacerse es ¿qué he hecho o hago en la vida que sea beneficioso para la Vida, para mi vida y la vida de los que amo? Las posibles respuestas reflejarán la gran inconsciencia en la que vivimos, el poco hábito que tenemos de pensar y meditar profundamente sobre para qué existimos. Porque la contestación no puede ser rápida ni fácil y es necesario ser muy valiente (héroe) para desaprender y volver a organizarse interiormente, dentro de nuestras posibilidades y con cierto radicalismo.

Deshacerse de nuestras creencias políticas y religiosas, de nuestra confianza en la economía y la *ciencia* actual, es una gran tarea, más no imposible, como dijo Max Plank, en la famosa reunión de 1927 sobre las nuevas aportaciones de la física cuántica y la interpretación de la realidad (31).

Nos han enseñado Historia, Física, Matemáticas, Ciencias naturales, Geografía y demás materias y no nos han dicho nada o casi nada sobre la inteligencia emocional, la alimentación, la empatía o los criterios para crear hábitos de lectura. Y terminamos enfrentándonos a la vida adulta sin apenas conceptos concretos sobre la complejidad del mundo financiero y político (Bancos, Partidos, Hacienda, el dinero fiat), de la importancia de la sexualidad, del autocuidado de nuestra salud, o de la experiencia espiritual (que no religiosa).

Toda esta confusión y desinformación nos conducen a *lagunas* importantes que, curiosamente, rellenamos de forma grosera y apresurada con atajos e improvisaciones. Es sorprendente la escasa cultura y conocimientos que sigue teniendo la gente sobre la Historia reciente y menos reciente, y más sorprendente aún, su casi nulo interés por remediarlo. Y así, con cualquier otro aspecto que nos permita dar sentido a lo que opinamos, creemos y defendemos.

Ser arrastrados por la publicidad e informaciones de los medios de comunicación masivos no es una opción valiosa y, aun así, nos acomodamos a lo fácil y atajamos.

No nos forman en la búsqueda de otras opiniones e infor maciones, en mantener la primigenia curiosidad infantil (que de infantil no tiene nada), en la importancia de viajar y saber viajar, en lo beneficioso de conocer a personas y contextos nuevos, saber escuchar a personas que opinan muy distinto a nosotros, o buscar alternativas naturales para nuestra salud. Todo ello para crear una actitud de aprendizaje y experiencia permanente, aunque algunas veces tengamos que salir de nuestra zona de confort.

A la mente le gusta lo conocido, lo ya repetido muchas veces, porque *afianza* nuestra posición. Algunos atajos que ya hemos visto, están imbuidos de este hábito conformista que nos mantiene en la pasividad y la indolencia. Y de forma inconsciente, nos mantenemos en prejuicios y creencias que no hemos puesto nunca en tela de juicio (basta pensar en nuestros posicionamientos políticos o religiosos, o nuestras ideas sobre el espacio y el tiempo).

Sólo así podemos entender muchos de nuestros *enroques* pase lo que pase en el exterior, en la Vida. Recordemos que los aborígenes americanos no *vieron* los barcos que llegaban a sus costas. Y más recientemente, planteamientos como los del doctor Hamer y sus *Cinco Leyes de la Nueva Medicina Germánica* (32) o los del biólogo Máximo Sandín (33), son ejemplos claros de cómo nos cuesta desprendernos de conceptos profundamente arraigados.

Recordemos que muchas parejas que se deshacen no ven venir lo que se está fraguando: el inconsciente suelta todo su arsenal de explicaciones, lógicas o ilógicas, y construye una realidad paralela. Algunos de los atajos vistos más atrás (mentiras, imposturas, celos, manipulaciones) cumplen su función de anestesia y permiten sobrevivir aún a costa de tener enfrente la realidad manifiesta.

Es necesario, pues, estar abiertos a lo nuevo, a lo desconocido y, desde ahí, poder seguir aprendiendo y experimentando la Vida. Creemos que es muy larga, pero realmente es muy corta. Propongámonos nuevos atajos, más beneficiosos y constructores de caminos hacia el trocito de Verdad que todos poseemos.

En su excelente libro *Dejar ir* (34), David Hawkins dice:

Dentro de nosotros, pero al margen de nuestra conciencia, está la verdad de que ya sabemos todo lo que necesitamos saber. Esto sucede de manera automática. (…). Cuando nos demos cuenta de que fuimos manipulados, explotados y engañados, llegará la ira. Estate preparado para recibirla. Permítete estar enfadado. Es mejor estar enfadado por un tiempo que apático. Con la ira, tenemos una cantidad de energía. Podemos hacer algo al respecto, pasar a la acción, cambiar de opinión, reorientar la dirección. Entonces, es fácil dar el salto de la ira al coraje. En el nivel del coraje, podemos ver, examinar y observar cómo sucede todo.

Fotografía: Félix Berges Saldaña

PARTE 2

LA VERDAD

α

Toda verdad es siempre nuestra verdad, por lo tanto, sólo es una aproximación a la Verdad, que sigue siendo un misterio y una eterna búsqueda. No obstante, sólo buscando e insistiendo en ese infinito camino, es posible acercarse a ella. No hay mejor atajo que *ir con la verdad por delante.*

Sin embargo, como ya hemos visto al acercarnos a la mentira y a la impostura, a los adultos nos cuesta decir la verdad, sentirla y expresarla cueste lo que cueste y asumir las consecuencias de ello. Para un niño pequeño, que aún no distingue las *ventajas* del atajo de mentir, expresar la verdad, lo que es, lo que ve, es algo natural: quiero esto y lo pido, no quiero esto y lo rechazo.

Todo es abierto y fluido, cosa que no ocurre con nuestra mente adulta, consciente e inconsciente, ya que estamos condicionados por multitud de paradigmas y creencias: *se va a montar una gorda si les digo lo que realmente pienso, seré rechazado si digo mi verdadera opinión, sólo voy a decir parte de lo ocurrido, lo demás no les interesa, no quiero discusiones, así que mejor me callo,* y así sucesivamente.

Es cierto que hay ocasiones que decir nuestra verdad, nuestra interpretación de los hechos, no es conveniente. El silencio es un gran atajo como más adelante veremos. No tenemos obligación de expresar todo lo que pensamos y sentimos, ya que nuestro mundo *interior*, por su propia definición, sólo nos pertenece a nosotros y somos libres de compartirlo o no. Aquí nos encontramos con la cuestión de la subjetividad, absolutamente real y obligatoria, porque todo hecho o situación son filtrados por nuestro sistema de creencias, ideologías y convenciones sociales.

En un libro esclarecedor de Miguel Ruiz, *La maestría del amor* (35), nos acerca a este proceso interno:

> *Toda tu vida no es más que un sueño. Vives inmerso en una fantasía en la que todo lo que sabes sobre ti mismo sólo es verdad para ti. Tu verdad no es la verdad de nadie más y eso incluye a tus propios hijos o a tus propios padres. Piensa, sencillamente, en lo que tú crees acerca de ti mismo y en lo que tu madre cree de ti. Ella dice conocerte muy bien, pero en realidad no tiene ni idea de quién eres. Tú sabes que no lo sabe. Por otro lado, tú puedes creer que conoces a tu madre muy bien, pero no tienes idea de quién es realmente. En su mente guarda todas sus fantasías que nunca compartió con nadie. No tienes ni idea de lo que hay en su mente.*

Como ya señalamos, si nos atenemos a que *somos dueños de nuestros silencios y presos de nuestras palabras*, es conveniente ser prudentes y decir nuestra verdad sólo cuando sea útil, cuando mejore la situación y afiance las relaciones personales y además nos produzca la satisfacción interna de estar siendo coherentes y generando confianza, en nosotros mismos y en los demás. Si partimos de la premisa de que nuestra verdad, es sólo nuestra opinión, es decir, subjetiva y debatible, no nos encastillaremos y el enroque apenas tendrá cabida.

Es necesario buscar la Verdad, pero es innegable que en ese camino se desarrolla gran parte del sufrimiento humano. Por ello, es obligatorio profundizar en el proceso de la subjetividad como acabamos de apuntar:

• De todos los estímulos exteriores, prestamos atención a una parte de ellos. Otros o son inconscientes o directamente irrelevantes para nosotros.

• Pero en muchas ocasiones, no tenemos en cuenta que dicha observación está filtrada por nuestros cinco sentidos, que tienen sus limitaciones.

• Además, esta limitada capacidad de atención biológica está condicionada por nuestra disponibilidad psicológica: estamos cansados, aburridos, excitados, cabreados, saturados, despistados,... (el acto de conducir un vehículo es muy gráfico para este punto).

• Seamos conscientes o no, tenemos unas determinadas expectativas sobre lo que observamos, escuchamos y sentimos (una reunión personal, familiar o social es un claro ejemplo). Es decir, anticipamos de alguna manera, lo que esperamos ver, sentir o escuchar.

• De toda la observación de la realidad posible, es decir, limitada por todo lo anterior, pasamos a su rápida interpretación y evaluación. La velocidad a la que ocurre todo esto es eléctrica, como eléctrico es nuestro cerebro y sistema nervioso.

• Dicha interpretación queda condicionada inevitablemente por nuestras emociones y sentimientos: no escuchamos de igual manera a todas las personas, no observamos con la misma atención a quien apreciamos o a quien detestamos, no reaccionamos de igual manera si se pronuncian determinadas palabras clave para nosotros, etc. Somos también magnéticos, tenemos polos, rechazamos y atraemos, como lo es nuestro corazón (la fase de enamoramiento de una pareja es muy definitoria de este magnetismo).

• Por último, valoramos el contexto y las consecuencias. Somos seres sociales y juzgamos algo como veraz, si nos conviene o interesa, si lo dicen *los nuestros* (familia, religión, política, profesión,) o si lo dicen *los otros* (extranjeros, raros, desconocidos,...).

Con todo lo anterior, pretender sostener que tenemos la verdad, la única verdad posible, la buena, la indiscutible, es toda una pretenciosidad.

Mas eso no impide que tengamos nuestra verdad, nuestra interpretación honesta de la realidad, y ese es el atajo que proponemos seguir: si dicha interpretación es coherente con lo que siento y pienso y la defiendo con asertividad y persistencia, sabiendo que tendré que afrontar las consecuencias de hacerlo así, estoy conectando con las Leyes del Cosmos, con el Equilibrio y la Unidad.

Como está escrito en la Tabla esmeralda, Thoth y Hermes dijeron: como es dentro, es afuera; como es arriba, es abajo (36).

En definitiva, somos inevitablemente subjetivos y lo tenemos que asumir para no caer en la prepotencia de poseer la Verdad. Y a la vez, debemos ser valientes y generosos para tomar el atajo de defender nuestra visión personal, sin caer en la condescendencia y la aquiescencia social, y sin plegarnos a los intereses y visiones de los demás. Solo así la Verdad (emuná) nos hará libres.

La mejor manera de serlo es ser breves y precisos. Un sí, cambia tu mundo. Un no, crea otro universo. El logos crea el mundo. Ya apuntamos como José Luis Parise (2), en sus *Once pasos de la Magia*, señalaba con precisión cómo creamos nuestra realidad propia cuando hablamos, cuando expresamos con palabras (y no sólo verbalmente) todo nuestro mundo de pensamientos, sentimientos y emociones. Ser coherentes en este proceso de *creación* es nuestra más sincera verdad (interior) y no deberíamos renunciar a ello por más presiones y circunstancias que vivamos (exterior).

A lo largo de la Historia, muchas personas han sido condenadas y vilipendiadas por decir la verdad, su verdad. Decir lo que pensaban no fue gratis y tuvo su precio, a algunos les costó el desprestigio y a otros incluso la vida (Giordano Bruno, Miguel Servet, Martín Luther King, J.F. Kennedy...). Decir la verdad, aunque sea sólo nuestra verdad, puede ser peligroso en un mundo lleno de falsedades y ficciones.

Es necesario expresar claramente nuestra visión de las cosas y las personas, porque sólo así estaremos dando un verdadero paso hacia la Verdad. Las relaciones familiares y de pareja, las amistades personales y profesionales se construyen y mantienen por la confianza, como veremos más adelante. Y sólo se confía plenamente, sólo se ama incondicionalmente, si nuestro comportamiento y nuestras palabras están llenas de coherencia con nuestro sentir y nuestro pensar. He aquí el gran atajo de los buscadores de la Verdad: ser coherentes entre nuestro mundo interno y el exterior.

Podemos estar equivocados, claro que sí y también confusos o perplejos, pues manifestémoslo así, sin complejos. No sólo es más coherente, sino que también ayudamos a los demás a conocernos y hacemos de espejo de cómo queremos mantener las relaciones.

α: *El miedo a decir nuestra verdad no debería ser mayor que la alegría de poder expresarla.*

β

*Verdad. 1. Conformidad de las cosas
con el concepto que de ellas forma la mente.
2. Conformidad de lo que se dice
con lo que se siente y se piensa.*

RAE

Aunque la verdad esté en minoría, sigue siendo la verdad.

Mahatma Gandhi

Si siempre dices la verdad, no tendrás que recordar nada.

Mark Twain

No se debe confundir la verdad con la opinión de la mayoría.

Jean Cocteau

Solo hay una verdad absoluta: que la verdad es relativa.

André Maurois

*La verdad hay que saberla a toda costa:
la verdad sobre nosotros mismos y sobre los demás,
aceptando con humildad que la verdad conocida
es sólo una aproximación a la verdad real.*

Ramón Carrillo

¿Qué sucede cuando descubro que el más miserable de los mendigos se haya en mi interior y que soy yo mismo quien necesita de la limosna de mi propia amistad, que soy yo el enemigo que necesita ser amado?

Carl G. Jung

La verdad es como el sol, te permite ver todo y no se deja mirar.

Víctor Hugo

El lenguaje de la verdad debe ser, sin duda alguna, simple y sin artificios.

Lucio Anneo Séneca

EL SILENCIO

α

Practicar el silencio, tanto mental como acústico, es una estrategia facilitadora del reencuentro con nosotros mismos. He aquí un gran atajo al que no estamos acostumbrados, en una sociedad ruidosa y poco dada a la calma.

Pablo d´Ors señala en su *Biografía del silencio* (37), uno de sus libros más emblemáticos, las sensaciones encontradas que tuvo al comenzar la práctica del silencio:

> *La sensación era la de quien revuelve en el lodo. Tenía que pasar algún tiempo hasta que el barro se fuera posando y el agua empezase a estar más clara. Pero soy voluntarioso, como ya he dicho y, con el paso de los meses, supe que cuando el agua se aclara, empieza a poblarse de plantas y peces. Supe también, con más tiempo y determinación aún, que esa flora y fauna interiores se enriquecen cuanto más se observan. Y ahora, cuando escribo este testimonio, estoy maravillado de cómo podía haber tanto fango donde ahora descubro una vida tan variada y exuberante.*

Dos cosas nos revelan estas palabras: hace falta tiempo y determinación. En este mundo que parece correr mas que andar y en esta acomodada sociedad del área occidental, el silencio parece una anomalía, un anacronismo, una pérdida de tiempo y una práctica inútil e inoperante.

¡Qué lejos de la realidad! El silencio es un tesoro a descubrir porque es la puerta a nuestro interior, a la parte más inconsciente de nuestra psique y ya hemos dicho que, en ningún momento de nuestra formación, nos hablan de este beneficio, este atajo al autoconocimiento.

El cuerpo nos habla, nos grita, nos insinúa y, sin embargo, no lo escuchamos, no lo atendemos, y así nos va con algunos aspectos de nuestra salud tanto física como psíquica.

Permanecer en silencio durante un tiempo, sin hacer nada más, absolutamente nada más, y repetirlo diariamente y sin interrupciones, acompañado de una respiración sosegada, tiene tal poder de conexión con nuestra esencia divina que nos asusta. Parece que no estamos haciendo nada y, por el contrario, estamos atentos a nuestro cuerpo, a nuestras sensaciones propioceptivas, buscando la sensación de sentirnos y nutrirnos de nosotros mismos.

En la llamada zona oriental del planeta (otro convencionalismo más) hay una larga tradición de meditar y permanecer en silencio (aquí parece haberse circunscrito a los monasterios cristianos). Todas las tradiciones budistas, hinduistas y taoístas han practicado el silencio como una de sus joyas más preciadas y no les parece extraño ver meditar a alguien a cualquier hora y en cualquier lugar. Y sin embargo, sólo en el último siglo ha llegado aquí a través del Yoga, el Tai Chi o el Chi Kung, lo que ha permitido a muchos occidentales conocer los beneficios de estas prácticas que, normalmente, se hacen en silencio. Ramiro Calle, gran estudioso de las enseñanzas orientales, en su libro *Las enseñanzas del Fakir* (38), nos recuerda:

Todos somos funámbulos y para no sucumbir a las más perversas vicisitudes de nuestro día a día debemos ser capaces de mantener nuestro centro de gravedad, sin dejarnos arrebatar por los extremos. La armonía, la ecuanimidad, la conexión con el momento presente y la confianza en el propio potencial son algunas de estas enseñanzas indispensables para aprender a dominar nuestro cuerpo y nuestra mente, vencer el miedo y desarrollar una consciencia plena.

Esta es una de las ventajas de este atajo, la consciencia plena. No es solo estar callado, no es solo no hacer nada, es fundamentalmente un encuentro con nuestro consciente y nuestro inconsciente. Al principio, la mente no para de dar vueltas y aparecen pensamientos de todo tipo, acostumbrada como está a danzar y danzar en un parloteo inacabable; pero después aparece una hermosa calma, un bienestar suave y dulce, que no es otra cosa que estar presente, como nos enseñó Eckhart Tolle, en *El silencio habla* (39):

Dependemos de la naturaleza no sólo para la supervivencia física. También necesitamos a la naturaleza para que nos enseñe el camino a casa, el camino de salida de la prisión de nuestras mentes. Nos hemos perdido en el hacer, en el pensar, en el recordar, en el anticipar: estamos perdidos en un complejo laberinto, en un mundo de problemas.

Hemos olvidado lo que las rocas, las plantas y los animales todavía saben. Nos hemos olvidado de "ser": de ser nosotros mismos, de estar en silencio, de estar donde está la vida: Aquí y Ahora.

Los publicistas y los periodistas de radio y televisión, saben muy bien el poder devastador del silencio y procuran que éste no ocurra. Es el motivo por el que la velocidad de los anuncios publicitarios es tan vertiginosa (y así eliminan o limitan el parón del silencio) y los encadenan para evitar la reflexión y la consciencia. Es bueno recordar la gran diferencia entre ver una película en una sala de cine (en silencio) y verla en la televisión de nuestra casa (con interrupciones).

En una conversación entre amigos o cualquier reunión social, se procura inconscientemente que alguien esté hablando, aunque sean nimiedades, porque el silencio es molesto e incómodo. ¿Por qué sentimos eso? Primero, por la costumbre, porque estamos habituados a hablar más que a escuchar y callar y segundo porque el silencio señala algo, dice algo que la mente no termina de percibir y el inconsciente nos delata y optamos por hablar de lo que sea y salir de la incomodidad.

Esta es una de las ventajas del silencio, porque nos recuerda que es un *lugar y un tiempo* de aprendizaje, de introspección, una experiencia de paz interior y estamos pocas veces tranquilos y en paz con nosotros, por lo que nos cuesta practicar el silencio.

Encontramos todo tipo de excusas: tareas pendientes, cansancio, obligaciones familiares. Cierto, cierto, pero el beneficio de estar un buen rato en silencio es muy grande. Nuestro sistema inmunológico, nuestro equilibrio hemisférico y nuestra oxigenación, mejoran significativamente y la Energía se concentra en nosotros y no en lo exterior, porque la atención está enfocada a nuestro ser y no a nuestro estar, a nuestro sentir y no a nuestro pensar. La mente se aquieta y deja de parlotear y nuestro corazón respira y se expande.

Y visto todo lo anterior, podemos ya enlazar con la verdadera ventaja de este atajo, que no es otra que la consciencia de que somos un alma y no solo un cuerpo y una mente. El alma aparece cuando llega la calma y no hay mejor compañero de viaje para ello que el silencio, preludio de la quietud interna. La chispa divina que es nuestra alma se adueña entonces de nuestro ser, un estar presentes con el cuerpo, la mente y el espíritu.

Por eso, el silencio es una práctica espiritual conocida desde siempre por muchos pueblos antiguos y, a día de hoy, más necesaria que nunca. Ahí afuera hay mucho ruido, y se trata de cortar, atajar, romper esa dinámica acústica con la bendición del silencio.

α: *Si no vas a mejorar el silencio, mejor calla.*

β

Silencio. 1. Abstención de hablar. 2. Falta de ruido.

RAE

*Con la palabra, el hombre supera a los animales.
Pero con el silencio se supera a sí mismo.*

Paul Masson

*Se necesitan dos años para aprender a hablar
y sesenta para aprender a callar.*

Ernest Hemingwey

*El silencio y la sonrisa son dos armas poderosas.
La sonrisa resuelve problemas, el silencio los evita.*

Morgan Freeman

*Silencio. ¡Cuán bello el silencio! Pero hay que aquietar ese
mundo interior. Hay muchos que gritan ahí dentro. El
silencio es una conquista. No es el ruido externo lo que nos
aturde, es el grito de las pasiones. No es aislarse;
es desprenderse; el silencio no es un don sino un fruto difícil.
Este silencio físico es apenas un medio
para acallar la propia algarabía.*

Fernando González Ochoa

Si tienes palabras más fuertes que el silencio, habla.
Si no las tienes, entonces guarda silencio.

Eurípides

Si lo que vas a decir
no es más bello que el silencio, no lo digas.

Proverbio árabe

El silencio es algo que viene de tu corazón, no del exterior.
No significa no hablar, significa
que nada te perturba en tu interior.

Thich Nhat Hanh

LA CONFIANZA

α

Hermosa palabra donde las haya. Y más bella si se practica. Todas nuestras relaciones están basadas en la confianza: padres, amigos, pareja, hijos, compañeros,...y muy mal se ponen las cosas cuando no existe o sencillamente es parcial. Hay confianza si hay plena confianza.

El ejemplo más simple pero más eficiente es la confianza que tenemos en el dinero fiat, un papelito *de colores* que se supone que vale la cifra que allí pone. Como los demás también lo creen, funciona. Y, sin embargo, el papelito no vale nada, no está basado en nada valioso y se devalúa constantemente. Ejemplo perfecto de una *creencia* en la que confío.

Confiar es tener fe (creencia) en el otro, en sus valores, palabras y hechos y, curiosamente, está basada en la existencia de otra confianza, la propia: la confianza en nosotros mismos. No podemos esperar confiar en alguien si no tenemos fe en nosotros, en nuestras cualidades y potencialidades, en nuestro ser profundo y divino.

Esta civilización, en los últimos 500 años, ha ido derivando hacia lo externo (exotérico) más que hacia lo interno (esotérico). La ciencia como paradigma ha impregnado todas nuestras creencias y, por lo tanto, damos por confiable *lo demostrado científicamente*. Este hecho nos ha ido alejando, a través de una educación muy deficitaria y unos medios de comunicación preñados de conflictos de intereses, de nuestra esencia espiritual y de la búsqueda del autoconocimiento.

¿Cómo confiar en lo que vemos y oímos en el exterior si no somos conscientes de nuestro parloteo interior y de nuestro sistema de creencias? El atajo está aquí: es necesario un trabajo interior, con silencio y meditación, una búsqueda sistemática de la verdad, tal como la hemos visto más arriba y una actitud de aceptación de lo que es, como veremos más adelante.

La confianza solo es el resultado de este camino interior, por lo que basarnos en las influencias externas o en la aceptación y reconocimiento de los demás, es cuando menos un riesgo y, con más precisión, un camino errático.

La confianza es la hermana de la consciencia y ésta ya hemos dicho que es la ciencia de uno mismo. Las personas conscientes de sus dones y sus debilidades son más confiables y dignas de respeto, lo que facilita la comunicación, la empatía y la tolerancia. Nos gustan estas personas porque nos relajan, podemos contarles secretos y debilidades, sabemos que harán lo necesario para no defraudarnos, en definitiva, reproducen lo que probablemente hemos sentido con nuestros padres en la familia de origen.

Es por ello que la confianza se genera en la infancia, en la seguridad de que estamos protegidos y somos queridos. La falta de esta seguridad en los primeros años de vida es decisiva y se comprueba cuando los psicólogos y terapeutas indagan en las consultas clínicas y comprueban que algo pasó en las relaciones familiares iniciales que quebró esa seguridad. Puede que ni lo recuerden, puede que lo hayan querido olvidar, pero es casi seguro que se deformó la percepción de qué es confiar y qué es desconfiar.

Ese miedo a no ser aceptados tal y como somos puede estar en la base de muchos comportamientos erráticos y a veces inexplicables que nos encontramos. La confianza se gana día a día, pero se puede perder en un instante o situación concreta. De ahí la importancia de la coherencia entre lo que se dice y se hace por parte de los progenitores.

La Historia y las historias individuales están jalonadas de pequeñas y grandes situaciones donde se ha puesto a prueba la confianza en uno mismo, en las ilusiones e intuiciones, en los sueños, en la utopía. Seres como Alejandro Magno, Nicola Tesla, Giordano Bruno, o Akhenaton, por citar sólo algunos, han afrontado sus vidas con determinación y plena confianza en si mismos, en sus ideas y proyectos, y aunque no todas las veces salió bien, nos enseñaron que se trata de confiar, perseverar y volver a confiar y perseverar. Este es el verdadero atajo, incluso aunque cueste la vida.

De esto se trata, porque confiar es una apuesta y puede salirte bien o mal, pero hay que arriesgar para conocerse y conocer a los demás. Cierto que la primera confianza se establece hacia los padres, y bien sabemos que en ellos se depositan los mimbres de nuestro primer cesto para crear un nido de confianza y seguridad. Como también es cierto que, según nos haya ido, sabremos edificar otros cestos de confianza, fundamentalmente con la familia, parejas y amigos. Y es aquí donde debemos esmerarnos. Confiar en los padres, la familia, la pareja y las amistades es necesario, pero no es suficiente y es casi imposible si no se desarrolla la confianza y aceptación de uno mismo con total honestidad e integridad. No esperes algo de los demás que no puedas ofrecerte a ti mismo. La confianza es un atajo sólo si la practicas contigo.

Una de las acepciones de la RAE sobre la confianza es *dar esperanza a alguien de que conseguirá lo que desea*. Rara vez va a suceder esto si no se ha experimentado con uno mismo. No es necesario mencionar a ciertos políticos, diversos personajes públicos y famosos varios, gurús de última generación, para saber que confiar en ellos es tan arriesgado como tirarse en paracaídas sin él puesto. No podemos esperar que nos ayude su ejemplo, que confiemos en sus palabras o sus hechos, porque sus objetivos son distraernos y acomodarnos, despistarnos con atajos infructuosos y vanos. La confianza sólo puede estar en nosotros y en la creencia firme en nuestros dones y no sólo porque los tenemos sino porque es lo único que realmente está en nuestras manos.

Confiar se experimenta confiando, porque la vida es riesgo y aprendizaje.

α: *No hay esperanza en la espera sino en la Vida.*

β

*Confianza. 1. Encargar o poner al cuidado
de alguien algún negocio u otra cosa. 2. Depositar en
alguien, sin más seguridad que la buena fe y la opinión que
de él se tiene, la hacienda, el secreto o cualquier otra cosa. 3.
Dar esperanza a alguien de que conseguirá lo que desea.*

RAE

*Ninguno de nosotros sabe lo que pueda suceder ni siquiera
en el próximo minuto, pero seguimos adelante.
Porque confiamos. Porque tenemos fe.*

Paulo Coelho

*La mejor manera de saber
si puedes confiar en alguien es confiando.*

Ernest Hemingway

*Algunos solo tienen su palabra, pero con eso les vale.
Cuando la confianza es alta,
la comunicación es fácil, instantánea y efectiva.*

Stephen R. Covey

*La gente en quien se confía total
y plenamente devolverá esa confianza.*

Abraham Lincoln

El optimismo es la fe que conduce al éxito. Nada puede
hacerse sin esperanza y confianza.

Helen Keller

Aquel que no confía lo suficiente no será digno de confianza.

Lao Tze

Las personas que tienen problemas de confianza solo
necesitan mirarse al espejo. Allí se encontrarán con la
persona que más los traicionará.

Shannon L. Alder

Aquel que es descuidado con la verdad en asuntos pequeños,
no puede ser confiable en asuntos importantes.

Albert Einstein

Cumple tus promesas y sé consecuente.
Sé el tipo de persona en la que otros puedan confiar.

Roy T. Bennet

LA ACEPTACIÓN

α

Todo lo que nos ocurre puede ser aceptado o rechazado, pero es una necedad pensar que no ha ocurrido y pretender pasar página. Sin embargo, muchas personas hacen esto último y se encuentran con sorpresas poco agradables. Y esto les ocurre porque el primer pilar de la aceptación es el libre albedrío, es decir, la libertad de asumir o no los hechos, sean estos beneficiosos o perjudiciales para nosotros. Un atajo difícil de esclarecer porque muchas veces se confunde con la pasividad, el pesimismo o *el destino*.

Somos libres de aceptar la realidad, de modificar su interpretación, de ocultarla a los demás, de deformarla y acomodarla a nuestros intereses, de mostrar nuestro disgusto o enfado ante ella, en suma, de interiorizarla según nuestro parecer. Pero ejercer esta libertad siempre cuesta y más en una sociedad como la actual, adormecida, con falta de espíritu crítico y acomodada a lo fácil y poco exigente, presos de unas informaciones teñidas de intereses espurios.

Nos cuesta aceptar que ya no somos amigos de personas que en otro tiempo eran nuestros amigos; nos cuesta aceptar que nuestro deterioro físico va avanzando y ya no podemos hacer lo que hacíamos normalmente unos años atrás; nos cuesta aceptar que en determinadas situaciones fuimos unos cobardes y teníamos que haber afrontado con más valentía y coraje algunas decisiones. En suma, nos cuesta aceptarnos porque duele. Y huimos del dolor como de la quema, porque supone, en ocasiones, poner patas arriba nuestro sistema de creencias y nuestros paradigmas mentales.

Aceptamos la Historia con total docilidad porque nos la contaron en la escuela; aceptamos los preceptos religiosos como si fueran ritos inamovibles; aceptamos los impuestos u otras normas políticas, porque así nos creemos buenos ciudadanos. Nada de eso es cierto y, no obstante, los seguimos y acatamos como algo inevitable. Esta aceptación es un mal atajo y provoca una disonancia cognitiva enorme.

Un ejemplo evidente es que muchas personas viven en ciudades grandes, hostiles, donde somos seres anónimos y pagamos enormes cantidades por ello, aunque sean habitáculos pequeños e insalubres. Hay que desplazarse a grandes distancias, con el consiguiente gasto de tiempo y dinero. Apenas conocemos a nuestros vecinos y mantenemos rutinas y horarios poco saludables y, aún así, seguimos ahí como si no hubiera más opciones. En pocas palabras, Susan Jeffers (24) lo resume así:

> *"No puedo" significa que usted no controla su vida, mientras que "no lo haré" plantea una situación en el dominio de la elección. Desde este momento, elimine "no puedo" de su vocabulario.*

Lo que proponemos aquí está en lo más profundo de nuestro ser, en la coherencia interna entre lo que pensamos, creemos, sentimos, decimos y hacemos. Nada más y nada menos. Para ello es necesario que nos hagamos preguntas importantes: ¿estoy eligiendo mi vida, la vida que quiero llevar? ¿A qué tengo miedo si decido cambiar? ¿Qué me cuesta tanto aceptar?

Ese dolor, ese miedo a vernos en un espejo que refleja una imagen que no termina de gustarnos, está en la base de la dificultad del atajo de la aceptación. Nos excusamos, nos vendemos la moto, y curiosamente, no necesitamos a nadie para ello. De forma más inconsciente que consciente, buscamos un relato sobre nosotros mismos que nos dignifique y haga más llevadero el presente.

Pero recordemos que *el presente* es un regalo. Y aceptar lo que es, los hechos, nos libera de imposturas y fingimientos. No hacerlo, es un desgaste energético que no debemos consentir.

Quizá hemos sido engañados, nos han defraudado personas que valorábamos, hemos sufrido accidentes o enfermedades inesperadas, han muerto seres queridos o cualquier otra circunstancia adversa de la vida. Aún así, está en nuestro poder elegir qué respuesta damos a todas esas vicisitudes porque no hay nada escrito sobre qué respuesta es la *buena*: acepto desde el fondo de mi corazón y de mi alma la experiencia que se me presenta y elijo qué respuesta doy. Puedo enfadarme, expresar rabia y disgusto, alegrarme, gritar o callar. Lo importante es que sea consciente qué estoy eligiendo y no me dejo llevar. Este es el atajo de la aceptación, porque me empodera y me hace más fuerte: ante cualquier eventualidad sigo siendo dueño de mis respuestas.

Hemos visto al principio que es nuestro libre albedrío quien inclina la balanza hacia un lado u otro. Y como quizá no nos hemos curtido en la responsabilidad (la habilidad de dar respuesta) y la tolerancia al cambio, nos aferramos a lo conocido y no damos tiempo ni espacio a lo nuevo por descubrir. Este cuento sufí lo ejemplifica muy bien (40):

Se cuenta que Tajar era alcantarillero y, dada su profesión, pasaba gran parte de su tiempo en medio de olores de excrementos y putrefacción. Pese a todo, se había acostumbrado y tales hedores le resultaban familiares y en absoluto desagradables. Formaban parte de su trabajo diario.

Sin embargo, un buen día, abrieron una nueva perfumería en su barrio, y al pasar por delante del establecimiento, Tajar sintió curiosidad al oler unos aromas tan distintos a los que habitualmente percibía. Una vez dentro, asombrado ante todas las desconocidas fragancias, aspiró profundamente para captarlas mejor, pero en ese momento su cuerpo se puso rígido y Tajar perdió el conocimiento por completo, cayendo al suelo desmayado.

Los comerciantes de la perfumería avisaron a los vecinos y muy pronto se presentó en la tienda el hermano de Tajar, provisto, para sorpresa de todos, de una cajita de excrementos. Una vez ante Tajar, abrió la caja y se la acercó a la nariz; pasaron unos segundos y Tajar se despertó de encontrarse en el suelo y totalmente rodeado de sus compungidos vecinos y familiares.

Estamos muy pegados a lo conocido, a nuestras costumbres más o menos secretas y aceptar lo nuevo, lo desconocido, nos descoloca. Por ello, nos cuesta desprendernos de ciertos hábitos, aunque sean insanos como las adicciones. Los terapeutas saben que, sólo si hay aceptación real de la situación, puede iniciarse el camino de la recuperación.

Por increíble que parezca, la gente normal no acepta los cambios fácilmente, aunque sean pequeños. Preferimos fingir, disimular o mentir, antes que enfrentarnos a los hechos, aunque sean evidentes y estén ante nuestros ojos. La razón no es otra que hemos sido educados y formados en la conformidad y la obediencia, por lo que hace falta coraje y decisión para aceptar algo que nos saca de nuestra zona de confort. Y hay ocasiones que la única salida razonable es la aceptación de nuestras miserias y debilidades: ese es el atajo sanador que nos permitirá retomar nuestro equilibrio interior.

α: *Aceptar no es sinónimo de estar de acuerdo, es observar lo que es.*

β

*Aceptar. 1. Recibir voluntariamente
o sin oposición lo que se da, ofrece o encarga. 2. Asumir
resignadamente un sacrificio, molestia o privación.*

RAE

*Ser hermoso significa ser tú mismo. No necesitas ser
aceptado por otros. Necesitas ser aceptado por ti mismo.*

Thich Nhat Hanh

*Acepta tu humanidad, así como tu divinidad,
totalmente y sin reservas.*

*Señor, concédeme la serenidad para aceptar las cosas que no
puedo cambiar, valor para cambiar aquellas que puedo, y
sabiduría para reconocer la diferencia.*

Francesco de Asisi

*El que mira al exterior pasa la vida soñando.
El que mira a su interior, despierta.*

*Una persona no puede estar cómoda
sin su propia aprobación.*

Mark Twain

*La paradoja es la siguiente:
cuanto más me acepto como soy, más puedo mejorar.*

Karl Rogers

*Si no actúas como piensas,
vas a terminar pensando como actúas.*

Blaise Pascal

*En lugar de estar preocupado porque no te conocen,
preocúpate porque valga realmente la pena conocerte.*

Confucio

Disfrute de la vida. Esto no es un ensayo.

F. Nietzsche

*Algunas personas quieren que algo ocurra,
otras sueñan con qué pasará,
otras hacen que suceda.*

Michael Jordan

EL ORDEN

α

Una persona ordenada y organizada es valiosa y admirada. Basta con entrar a la casa de alguien y observar. El orden de las cosas externas es el reflejo de la vida interior, de nuestros pensamientos, creencias y emociones. Es un atajo precioso para sentirse cómodo con uno mismo.

Hay personas desordenadas con sus cosas, con su dinero, con su ropa, con sus hábitos, con sus horarios, con su alimentación. ¿qué les ocurre?

Cierto que muchas lo intentan, una y otra vez, pero la *mochila* es muy grande y se cansan y vuelven a sus costumbres porque ser ordenado es una cualidad espiritual, llena de dignidad y respeto por uno mismo y los demás.

El orden es también una de las cualidades del amor, como ya veremos. Se ama con orden cuando estamos atentos a los detalles, a las palabras y a los deseos de las personas amadas. Es muy recompensante notar que lo que hemos dicho *ha llegado* al otro, ha causado cierta huella y probablemente se nos devuelva con abundancia y gracia.

Para que ello ocurra, es necesario escuchar con orden, sin distracciones, con intensidad. Hermann Hesse, en *Siddartha* (12), nos recuerda que el Buda Gautama decía:

> *Cuando como, como; cuando bebo, bebo; cuando duermo, duermo. Eso es orden interno: presto máxima atención a lo que estoy haciendo en cada momento.*

Sin embargo, nuestra sociedad occidental nos empuja a la inmediatez, a la constante variación de estímulos, a la superficialidad. Puede ser habitual que cuando estamos comiendo, estemos viendo la televisión; cuando estamos en cierta tarea, escuchemos la radio o un video de Internet; cuando parece que estoy escuchando a alguien, estoy pensando en las tareas pendientes que me esperan en casa. Es así como aparece el desorden y la inconsistencia en lo que hacemos y decimos.

Por lo tanto, es necesario entender que para *seguir un orden* nuestra mente tiene que ordenarse, disciplinarse, concentrarse. Solo así aparece el atajo del orden y para ello se requiere de Energía, de mucha Energía, porque la capacidad de dispersión de la mente es muy poderosa. Es frecuente estar leyendo un libro y notar que llevas unas páginas leídas y has estado en otro sitio; también es habitual despistarse de un objeto, las llaves, el monedero, el teléfono móvil o lo que sea, porque no hemos seguido el gesto habitual que solemos hacer; y no digamos, el conocido despiste cuando se conduce un automóvil que, de pronto, percibimos que nos hemos pasado del cruce o de la salida.

¿Por qué nos ocurre esto? Mi padre, que era carpintero, hubiera contestado que *hay que estar en lo que se está*. Y en esta aparentemente sencilla respuesta, hay una gran sabiduría. Las personas que han hecho grandes fortunas suelen ser sencillas y ordenadas en sus hábitos, se concentran en lo que están haciendo y diciendo y después de un tema atienden a otro, pero no antes o a la vez. De igual forma, las personas sabias, los verdaderos científicos, siguen un orden, unos pasos precisos y no se adelantan (ni se retrasan). Un cirujano tiene que ser un profesional ordenado y previsor, no es una opción la improvisación.

En un texto esclarecedor, *El ABC de la felicidad* (41), Lou Marinoff nos recuerda cómo ya desde la Grecia clásica y el antiguo Egipto, se proponía una visión ordenada para entender la vida:

> *¿Por qué se inspiró Aristóteles de forma tan ostensible en la geometría, arte deductivo y ciencia espacial, para procurar un marco a su ética? Primero, porque concebía el mundo natural como un lugar sujeto a leyes y orden, y quería que el mundo humano estuviera sujeto a leyes y orden como la naturaleza. (…) Segundo, Aristóteles percibía la belleza estética de la naturaleza y sabía que se basaba en las "justas" proporciones. Esto inspiró su brillante idea de que las conductas humanas moralmente loables también debían basarse en las "justas" proporciones.*
>
> *Entendía que la naturaleza humana posee potencial tanto para el bien como para el mal. (…) Las buenas costumbres son virtudes; las malas, vicios. Las virtudes son análogas a formas bien proporcionadas; los vicios, a formas mal proporcionadas. La ética de la virtud aristotélica es una geometría de la moralidad. Su empleo de la proporción áurea no es en absoluto gratuito.*

El atajo del orden facilita mucho la vida porque cuando lo seguimos nos ahorra tiempo, a veces, mucho tiempo. Entonces, ¿por qué nos cuesta tanto aplicarlo? Fundamentalmente, porque no nos han enseñado que es una cualidad espiritual, una Energía poderosa que tiene en la disciplina su gran aliada y en la consciencia su verdadero sostén. Funcionamos más inconscientemente de lo que solemos creer y eso cuesta aceptarlo. Los escritores, los buenos escritores, son muy disciplinados al escribir y muy conscientes de que cada día hay que hacerlo, hay que revisar lo escrito y hay que mantener el objetivo constantemente.

Lo mismo pasa con otras profesiones y tareas, pero donde verdaderamente nos la jugamos es en el trato y la relación que mantenemos con los que amamos. No se puede construir una pareja sin estar atentos y conscientes de cual es nuestro sentir más profundo, por lo que priorizaremos nuestros comportamientos en función de esa *construcción* (42). No se puede criar a unos hijos sin cuidar y anticipar todo lo posible lo que vayamos a necesitar para una buena atención.

Es necesario, pues, ser unos buenos observadores del exterior, de los cambios y pequeños detalles y aún mejor observador de nuestro interior, de nuestros estados de ánimo y emociones. El orden aparece si somos conscientes y disciplinados hacia fuera y hacia dentro, es decir, con la fuerza interna que da saber que no sólo es una cuestión mental, sino sobre todo espiritual.

Por último, recordar que el orden se aprende y se enseña. Queramos o no, somos imitados por nuestros hijos, por nuestros familiares y amigos, por nuestros compañeros de trabajo, en lo bueno y en lo malo. Si somos ordenados con los horarios, los objetos, las palabras y conductas, transmitimos una gran sabiduría: nuestro corazón está conectado, no sólo con nuestra fuerza mental, sino también con el Universo.

α: *Cosmos significa "orden".*

β

Orden. 1. Colocación de las cosas en el lugar que les corresponde. 2. Regla o modo que se observa para hacer las cosas.

RAE

Cada movimiento está dictado por el anterior, ese es el significado del orden.

Tom Stoppard

No puedes controlar el mundo, pero cuando controlas tus pensamientos, traes orden.

Bernie Siegel

La verdadera estabilidad se produce cuando el supuesto orden y el supuesto desorden están equilibrados. Un sistema verdaderamente estable espera lo inesperado, está preparado para ser interrumpido, espera ser transformado.

Tom Robbins

El arte ... es un intento de sacar el orden del caos.

Stephen Sondheim

En todo caos, hay un cosmos;
en todo desorden, un orden secreto.

Carl G. Jung

La geometría de la vida está diseñada
para mantenernos en el punto de máxima tensión
entre certeza e incertidumbre, orden y caos.

George Leonard

El desorden no es más que decisiones pospuestas.

Barbara Hemphill

El desorden no es solo material, físico. Son viejas ideas,
relaciones tóxicas y malos hábitos. El desorden es cualquier
cosa que no respalde su mejor yo.

Eleanor Brownn

Cuidado con el hombre que habla de poner las cosas en
orden. Poner las cosas en orden siempre significa
poner las cosas bajo su control.

Denis Diderot

El orden es el placer de la razón,
pero el desorden es la delicia de la imaginación.

Paul Claudel

EL HUMOR

α

Nada más reconfortante que una sonrisa y nada más relajante que reírse. Y aún así cómo nos cuesta alegrarnos, reírnos o esbozar una sonrisa. No obstante, el sentido del humor, la ironía y la gracia son bálsamos para afrontar muchas situaciones tensas. Un extraordinario atajo.

Hay personas que nos caen en gracia, hay otras que ya pueden hacer o decir lo que sea, que les negamos cualidades y dones, no nos caen en gracia. ¿Por qué nos pasa esto? La respuesta está en el inconsciente, en la armonía o displacer que nos provocan determinadas vibraciones, en la energía que nos provoca algo o alguien que no enlaza con las nuestras.

Esto parece inevitable, pero no lo es. Todos emitimos una vibración personal que se va conformando con nuestros pensamientos y emociones, con los sentimientos que vamos albergando o desechando a lo largo de la vida. Y la vida es larga, así que esta vibración puede ir variando en función de las experiencias vividas. Es por ello que debemos estar atentos a las reacciones que provocamos, sobre todo a las que se repiten en distintos contextos y personas y no queda otra que estudiarnos, cosa que no solemos hacer.

Nuestra chispa divina está siempre presente, lo creamos o no, pero nuestra vibración y energía, al estar constituida por las citadas actividades mentales y emocionales, va variando y es preciso atenderlas. Es común que cambiemos de humor a lo largo del día, de la semana, de los meses, pero al final surge un patrón, que es reconocible por los demás y por nosotros mismos. Una de las acepciones de la Real Academia de la Lengua así nos lo señala cuando habla del buen humor: *Propensión más o menos duradera a mostrarse alegre y contento.*

Pero, ¿qué es el humor? ¿de qué estamos hablando? Ya Hipócrates nos habló de los cuatro humores, o cuatro patrones de la personalidad humana, basados en los elementos de aire, fuego, tierra y agua, por la indudable influencia de la visión oriental de la salud (recordemos las bases de la Medicina Tradicional China, que también incluye el metal). Más recientemente la Psicología nos ha ido refinando este marco y ha aportado otros planteamientos que también han ido evolucionando: Psicoanálisis, Conductismo, Gestalt, Psicología transpersonal, Psicología positiva, Psicología humanista, etc. Pero lo importante en la vida cotidiana de las personas es que somos cambiantes, muchas veces incoherentes y algunas impredecibles. Expresiones como: *hoy no estoy de humor, no me ha hecho ninguna gracia lo que ha dicho, tiene poco sentido del humor, a ver con qué humor viene hoy, tiene un carácter muy alegre* y otras muchas parecidas, nos revelan que las personas sabemos de qué estamos hablando.

Sabemos que las personas alegres, que se ríen mucho, que saben divertirse, que encuentran graciosos muchos momentos de la vida, generan más endorfinas, (las hormonas de la felicidad las llamamos), unos neurotransmisores que están a la base de muchos procesos biológicos y psicológicos: el deseo sexual, la superación del dolor, el placer de la práctica deportiva, la gestión de las emociones, la potencia de nuestro sistema inmunológico, la capacidad de atención y memoria e incluso la regulación del apetito y del sueño. Un atajo con muchos beneficios para pasarlos por alto. Entonces, ¿a que viene estar malhumorado? ¿cómo hemos caído en una discusión áspera si no teníamos intención de ello? Difícil de explicar si no tenemos en cuenta nuestra escasa consciencia de nosotros mismos, como ya hemos visto en los malos atajos.

El buen humor, a diferencia del malhumor, se caracteriza por saber vivir lo que nos pase, sea lo que sea, como un ejercicio de sabiduría, que está más allá de nuestros conocimientos e informaciones. Somos sabios si conseguimos relativizar los hechos, si nos posicionamos con humildad frente a los errores propios o de los demás, si empatizamos con las debilidades humanas porque nosotros también las tenemos, si sabemos reímos de nuestros fallos, si respetamos amorosamente los deslices de los que nos rodean. Uno de los mejores cómicos de la historia, Charles Chaplin, decía que *un día sin reír es un día perdido* y *a fin de cuentas todo es un chiste*.

Pero todos conocemos personas que apenas se ríen, que no encuentran graciosos los chistes ni a los chistosos, que parecen estar del mal humor casi siempre, ya sea en el mundo laboral o personal. Además de generar pocas endorfinas, generan la hormona cortisol, mala compañera de viaje. ¿Por qué son así? Hay que buscar muy profundo, y con mucho respeto, el origen de esta actitud y solemos encontrarnos casi siempre con severos traumas infantiles, desgracias familiares, rechazos de todo tipo, accidentes, y todo aquello que nos instala en el miedo, el gran enemigo del amor y de la alegría. Esta predisposición suele estar alojada en el inconsciente, ese lugar al que vamos pocas veces (silencio, aceptación, verdad) y así queda malherida la confianza en nosotros mismos. Pocas bromas, por favor.

No obstante, el atajo del buen humor, no está tan lejos. Todos somos conscientes de la alegría que se puede encontrar en el teatro, la pintura, la danza y la música, del arte en general; la inmensa dicha de ser padres o apoyar a nuestros familiares cuando es preciso; conseguir un objetivo o un trabajo, viajar o simplemente pasear por la naturaleza observando su esplendor. En suma, alcanzar algunos de nuestros sueños y deseos. Todo ello nos acerca a nuestra alma, a nuestra misión de alma, que no es otra que reencontrar su origen, la Fuente de la que mana el maná de la alegría, la abundancia y la belleza (componentes etimológicos de Gracia). Así que hay que ser agradecidos y *dar las gracias*, por ello hay que enviar muchas veces (conscientemente) el deseo de *que tengas muchas gracias*.

Por último, recordar que el buen humor se contagia, es fractal. Cuanto más río, más me río, como bien sabemos. Es un atajo necesario y útil en las situaciones tensas, donde una salida irónica y benevolente es la mejor alternativa que queda. Y no olvidemos que ese contagio es educativo, sobre todo con nuestros hijos y amigos. El buen humor es uno de los atajos más sutiles e inteligentes.

α: *Si da gusto acercarse a las personas alegres y con buen humor y gracia, sé tú una de ellas.*

β

Humor. Genio, índole, condición, especialmente cuando se manifiesta exteriormente. Jovialidad, agudeza.

RAE

Buen humor. Propensión mas o menos duradera a mostrarse alegre y contento.

RAE

Hoy alguien me ha dicho que soy flojo. Casi le contesto.

Todo es divertido con tal de que le suceda a otra persona.

Will Rogers

La vida toda es un chiste. Nacer, morir,… ¡Menuda broma!

Miguel Gila

El humor es como la fruta, la carne, la vida; si es bueno, es maravilloso, si es malo, es una mierda.

José Luis Coll

Algunas personas llevan alegría a donde sea que vayan; otras la generan cuando se marchan.

Oscar Wilde

La luz viaja más rápido que el sonido. Es por ello que algunas personas parecen brillantes hasta que abren la boca.

Steven Wright

Me siento muy optimista respecto al futuro del pesimismo.

Jean Rostand

Si vas a decirle a la gente la verdad, sé gracioso o te matarán.

Billy Wilder

Los problemas llamaron a la puerta, pero al escuchar la risa, se alejaron rápidamente.

Benjamin Franklin

La vida te traerá dolor por sí misma. Tu responsabilidad es crear alegría.

Milton Erickson

A veces tu alegría puede ser la fuente de tu sonrisa, pero a veces tu sonrisa puede ser la fuente de tu alegría.

Thich Nhat Hanh

Ser alegre en estos días es un acto de valentía.

Abel Pérez Rojas

EL AMOR

α

La verdadera creatividad es amar y una de las más genuinas características de los seres humanos es que somos creativos, imaginativos, inventores de nosotros mismos.

Quizá el amor sea la palabra más tergiversada de nuestro lenguaje porque tiene tantas acepciones y aristas que nos perdemos en ellas. Amor no es Amar, con mayúsculas, y debemos recordar que amar no es querer. Queremos muchas cosas y personas, amamos a muy pocas.

En aras del amor se puede hacer mucho daño (recordemos los celos), porque nos aferramos a un concepto muy preñado de connotaciones culturales y sociales, la mayor parte de ellas inconscientes y *aprendidas* sin meditar ni reflexionar. El culpable no es el romanticismo o las películas, sino el escaso tiempo que dedicamos a examinar sobre a quién amamos, por qué lo amamos y cómo lo hacemos. Sin duda, es el atajo más poderoso y, quizá por ello, el más difícil de aplicarnos y de aprender.

Porque a amar hay que aprender. De hecho, esa es la misión de la Humanidad en este planeta, al igual que ocurre en otros (recordad las palabras de Giordano Bruno). En la infancia observamos que tendemos a desarrollar cierto egoísmo y egocentrismo, que no deja de ser la búsqueda de identidad y de límites. Aprendemos imitando lo que tenemos cerca: a nuestros padres, hermanos, abuelos, compañeros y amistades. Es un aprendizaje vicario necesario ya que, poco a poco, vamos experimentando facetas y situaciones que nos van modelando y permitiendo ejercer nuestro libre albedrío. Somos rechazados y rechazamos, nos juntamos y separamos, amamos y somos amados.

Toda una verbena de emociones y sentimientos que solemos aprender en la infancia a golpes y empujones, sin ningún sistema, o sea, sin orden ni concierto. Y acabamos de ver que el orden es muy importante, el externo y el interno, y dicho con más precisión, el equilibrio o desequilibrio que se genera entre experimentar el amor y el miedo, las dos grandes emociones humanas. Miguel Ruiz, en el ya citado *La maestría del amor* (35) nos describe varias cualidades de este proceso:

> *En el amor no existen obligaciones. El miedo está lleno de ellas. En el camino del miedo, la razón de cualquier cosa que hagamos es que "tenemos" que hacerla y esperamos que otras personas hagan algo porque "tienen" que hacerlo. (…) Más tarde o más temprano intentamos escaparnos de nuestras obligaciones. Sin embargo, el amor no tiene resistencias porque todo lo que hacemos con amor es porque queremos hacerlo y nos divertimos. Es un juego, un placer.*
>
> *El amor no tiene expectativas. El miedo está lleno de ellas (…) Esa es la razón por la que el miedo provoca dolor: esperamos algo, y si no tiene lugar, nos sentimos heridos y culpamos a los demás por no satisfacer nuestras expectativas y nos lo tomamos como algo personal. Cuando no esperamos que suceda nada, no nos llama la atención. No nos sentimos heridos porque, suceda lo que suceda, está bien. Esta es la razón por la que, cuando estamos enamorados, las cosas apenas*

Observamos pues que amor y miedo son incompatibles porque juegan en tableros distintos. Amar es un juego, sí, pero el mejor de todos, porque de él se desprende la creación de vida y la creación de realidad y esta es la misión de nuestra alma: aportar una manera distinta de recorrer la vida con el máximo de amor y los mínimos miedos. Y no hay duda que los dos estarán en alguna medida.

Las personas más felices son las que más aman, las que mejor aman y las que menos miedos tienen. Han descubierto que cuanto más dan, más reciben y no tienen miedo a no ser correspondidos porque, simplemente, dan.

Pensemos en los primeros años de nuestra vida, donde somos amados y protegidos y nuestra escasa consciencia del mundo, nos aísla de los miedos de los adultos y sólo pensamos en jugar y divertirnos. ¿Por qué abandonamos esa actitud? Porque nos llenan de obligaciones, de expectativas, de miedos y prohibiciones y, para colmo, nos lo venden como que así seremos responsables y adultos (un insulto recurrente suele ser *no seas infantil* o *pareces un niño*). Es decir, seremos aceptados y más *queridos* si perdemos nuestra frescura infantil, llena de desapego, intuiciones, improvisación, cambios e imaginación, características todas de las personas creadoras.

No cabe ninguna duda que la educación formal que recibimos no tiene apenas interés en que experimentemos la vida, la creatividad y el amor.

Además de con la familia y la pareja, una de las manifestaciones más genuinas del amor es la amistad, esa relación afectuosa y gozosa que experimentamos con los amigos.

Tres aspectos la caracterizan: la lealtad, la generosidad y la confianza. Si se establece un vínculo profundo con un amigo o amiga, se puede estar seguro de tener un tesoro. Es un verdadero atajo para los momentos malos, pero también para los buenos. Así que, revisa tus amistades y qué apoyo les ofreces, cuánta confianza les depositas y cómo te mantienes de leal a ese vínculo. Nos envían a los amigos para apoyarnos en nuestra trayectoria vital en esta dimensión, porque son *ángeles* de carne y hueso que pactaron ofrecer esa lealtad y confianza.

Se hace necesario, entonces, profundizar en las experiencias de amistad, amor, desamor y miedo que nos van llegando, con la perspectiva necesaria para descubrir en todas ellas, la parte que enlaza con nuestra vibración más genuina y personal y con la aceptación y confianza suficientes para no dejarnos arrastrar por la inmediatez o la superficialidad. Solo así, amar se convertirá en un atajo, el verdadero y más valioso. Veamos algunas de sus interioridades:

• Se ama a las personas, a las cosas se las quiere.

Esta distinción es esencial y desgraciadamente muchas personas lo confunden. El resultado es el apego a los objetos, al dinero, a las propiedades, a lo material. Y no debemos olvidar que no sólo somos seres físicos sino fundamentalmente espirituales. Somos espíritus encarnados.

• Cuando se ama incondicionalmente, no se pide contrapartida.

El amor, o es sin condiciones, o no se está desarrollando en toda su plenitud. No se puede esperar que te devuelvan lo que tú estás dando. Como bien apunta Emilio Carrillo, cuando estamos amando, *el ser que somos está íntegramente ocupado en ser, y en un estado así fluye de manera natural e intensa el amor incondicional, la Energía primaria y pura con la que la quietud se hace movimiento y viceversa* (43).

• Amar a alguien no es sinónimo de entrega y olvido de uno mismo.

Damos por sentado que, a nuestros seres queridos, les dedicamos atención y energía, pero ello no debe ser óbice para que nos olvidemos de atendernos y mimarnos a nosotros mismos. El amor propio bien entendido es necesario y enriquecedor.

• A amar se aprende amando, es decir, arriesgando.

La vida es una continua apuesta y no hay cartas marcadas. Nos podremos equivocar, podremos perder, más sólo jugando se puede ganar. Permanecer a la espera, sin riesgo, no nos permitirá aprender ni experimentar el gran atajo que es amar a otra persona con plenitud de consciencia y de libertad (libre albedrío).

• El verdadero amor es espiritual porque es una alquimia de Energías.

Todo lo que tocamos es Energía, todo lo que vemos es Energía, porque Todo es Energía: nosotros y el mundo. Amar es la Energía máxima porque es el origen de la Vida y de todo lo que existe, tanto material como no material. Y la Energía no desaparece nunca, sólo se transforma, según las leyes físicas conocidas. Cuando amamos, transformamos a la persona amada y nos transformamos nosotros, porque esa es la alquimia espiritual (44), como enseña acertadamente Omraam M. Aivanhov:

> *¿Cómo se realiza en el árbol la transformación de la savia bruta, absorbida por las raíces, en savia elaborada? Esta transformación opera, gracias a la luz del sol, en las hojas... De la misma forma, gracias a la luz del sol espiritual podemos transformar en nosotros la savia bruta, nuestras tendencias instintivas, en savia elaborada que irá a alimentar las flores y los frutos de nuestra alma y de nuestro espíritu. Es así como nos convertiremos en verdaderos alquimistas.*

• Se ama lo que se conoce y sólo se conoce lo que se ama.

Conocer viene del latín cognoscere, (de donde se deriva la palabra coño) y esta es una característica fundamental del alma humana en esta realidad finita. Mario Sabán lo refleja magistralmente en su reciente libro, *Keter, el éxtasis de la eternidad* (45):

> *El deseo fundamental del universo es revelar la consciencia del Ein Sof en el campo de la finitud. Cada uno*

de nosotros está revelando continuamente con su sola existencia una luz del Ein Sof en esta realidad espacio-temporal. Sin embargo, si no comprendemos qué tipo de luz debe revelar cada alma, entonces no conocemos el sentido por el cual nuestras almas están encarnadas en este plano. Cada alma vino a revelar un tipo de luz de acuerdo a su propia naturaleza.

Cada alma ha venido a conocerse y a abrir más consciencia sobre cómo amar infinitamente en un universo finito. Por ello, nos descoloca tanto descubrir que no terminamos nunca de conocer a las personas, incluso a los que más amamos. Es un eterno conocer, porque es un eterno amar.

• Amar es un acto de libre albedrío.

Sólo así es un verdadero atajo. Se gana tiempo si amamos libremente, se pierde si amamos (queremos sería mejor expresado) por interés, por presiones externas o por puro divertimento. Hay personas que no experimentan amar por miedo, por egoísmo, por comodidad, en definitiva, por no ejercer una de las mayores características de la existencia humana: elegir y hacerse cargo de las consecuencias de nuestra elección.

Visto todo lo anterior, se puede estar seguro que amar a alguien y a nosotros mismos es la mayor aventura posible, el camino más luminoso para alcanzar la sabiduría y la consciencia de quienes somos, qué hemos venido a experimentar y qué podemos aportar. Todo lo que hagamos en la vida tiene que estar impregnado de este objetivo, sin duda el más poderoso y arrebatador. Basta recordar la Energía de la que se dispone cuando nos enamoramos, donde el tiempo se expande y las emociones forman una especie de borrachera que no queremos que se nos pase nunca; una transformación cercana a la locura que, paradójicamente, es lo más sensato y hermoso que podemos experimentar.

En el libro ya mencionado de Lee Carroll (1), *Kryon V*, el protagonista Michael Thomas, visita al sexto ángel, el ángel blanco del amor, y éste le señala cuatro características del amor que conviene recordar:

1.- El amor es silencioso.

2.- El amor no tiene agenda.

3.- El amor no se vanagloria de sí mismo.

4.- El amor tiene la sabiduría de aplicar las tres condiciones anteriores.

Y no olvidemos que recordar, es *volver a cordar*, volver a unir todo nuestro ser desde el corazón (cor-cordis). Amar es desplegar en esta dimensión nuestro origen divino.

α: *Conviene tener siempre presente que cuando venimos al mundo somos sujetos de toda la Atención, somos cuidados con todo Mimo, siguiendo un Orden, porque nuestros padres sienten una total Responsabilidad sobre nosotros. Sólo se trata de juntar las mayúsculas.*

β

Amor. Sentimiento intenso del ser humano que,
partiendo de su propia insuficiencia,
necesita y busca el encuentro y unión con otro ser.

RAE

Algunas personas aman el poder
y otras tienen el poder de amar.

Bob Marley

Donde reina el amor, sobran las leyes.

Platón

El amor verdadero saca a relucir todo:
estás permitiendo que te sostengan un espejo todos los días.

Jennifer Aniston

Cuando amas a alguien, amas a la persona tal como es
y no como te gustaría que fuera.

León Tolstói

El amor verdadero a menudo consiste en tratar de enseñarle
a alguien cómo ser la mejor versión de sí mismo.

Wislawa Szymborska

El amor es la causa de la unidad en todas las cosas.

Aristóteles

*El amor es como la música, como la pintura,
como los libros... no se busca, se encuentra.*

Miguel de Cervantes

*Nacemos solos, vivimos solos, morimos solos.
Solo mediante el amor y la amistad podemos
crear la ilusión momentánea de que no estamos solos.*

Orson Welles.

Amamos porque esa es la única gran aventura.

Nikki Giovanni

*Ser dueños de nuestra historia y amarnos a nosotros mismos
en este proceso es lo mas valiente que haremos nunca.*

Brené Brown

*Saber estar solo es fundamental para el arte de amar.
Cuando podemos estar solos, podemos estar con los demás
sin utilizarlos como medio de escape.*

Bell Hooks

Fotografía: Félix Berges Saldaña

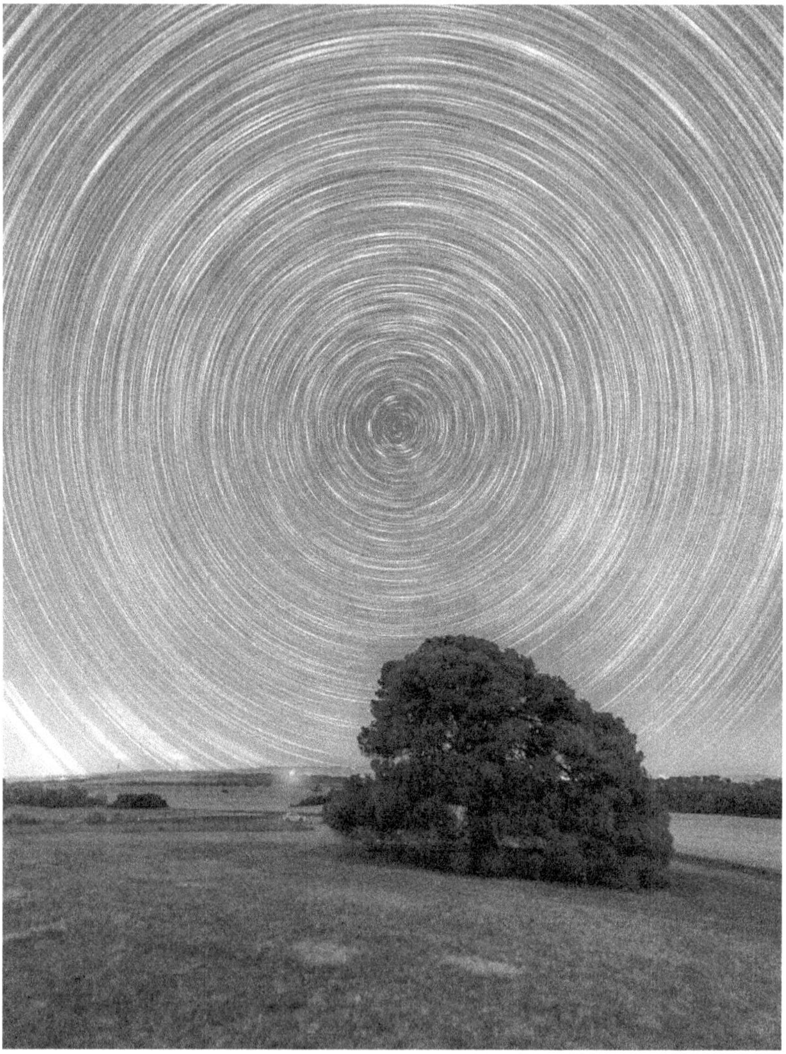

θ

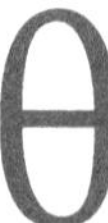

Somos un todo, pero lo olvidamos. Creemos que el cuerpo va por un sitio, ese constructo que llamamos mente por otro y las emociones y sentimientos llevan su propio camino. Craso error, como bien explica Nazareth Castellanos, en su libro *Neurociencia del cuerpo* (46):

> *Durante años he renegado de la cultura occidental por su fragmentación. Reconocía, por supuesto, sus bondades y, cuando me he encontrado mal, he acudido con acatamiento a sus hospitales. Pero me resistía a aceptar que las diferentes partes del cuerpo obraban con independencia, y que el entendimiento solo usase de mí aquello que reside en la cabeza. Cansada de maldecir el saber de la vieja Europa, durante un paseo entre los olivos de un bosque mediterráneo decidí estudiar la historia de la medicina occidental.*

> *Es así como llegué a la medicina del Antiguo Egipto y de la Grecia clásica, la cuna de las medicinas que hoy recorren los pasillos de los hospitales de medio mundo. Desde Imhotep, hasta Hipócrates, Aristóteles o Averroes, todos han defendido una biología integral. La fragmentación o separación de las partes del cuerpo llegó a nuestro saber hace relativamente poco tiempo, unos escasos tres siglos que nos han valido para diseñar un mejor método de exploración, estudio y conocimiento. Gracias a esas lecturas me reconcilié con los orígenes de mi cultura, y he querido compartir un resumen de esa historia para transmitir, a médicos y al público en general, la necesidad de recuperar una visión humanista de la medicina y del ser humano.*

De igual forma, Burmeister y Monte, en su libro *El toque sanador* (47) afirman:

> *En la antigüedad las personas no encontraban ninguna diferencia entre cuerpo, mente y espíritu. Como consecuencia, las prácticas utilizadas para tratar el cuerpo se ocupaban naturalmente de la unidad física, emocional y espiritual. Más aún, la gente consideraba que su salud o su "armonía" dependía de mantener equilibrados esos elementos aparentemente tan dispares.*

> *El concepto de una energía vital que penetra el Universo y da vida a todas las cosas no es familiar para la mayoría de nosotros. En la mayor parte del mundo occidental tendemos a considerar la vida como ciertos procesos químicos que hacen posible utilizar la energía, el metabolismo, el desarrollo y la reproducción. Pero "la gente" se pregunta ¿qué es lo que hace funcionar esas interacciones químicas? ¿cuál es la fuerza que da vida al cuerpo? Los griegos lo llamaron pneuma, los hindúes, prana, los chinos chi y los japoneses, ki.*

Estas sensatas declaraciones nos acercan a comprender que, en todos los atajos vistos en esta segunda parte, hay un denominador común: la honestidad con uno mismo, que es la mejor manera de alcanzar la Consciencia y el Discernimiento (43), como suele recordarnos Emilio Carrillo.

El otro camino, los atajos que nos desvían y despistan, son en su mayoría inconscientes, como ya hemos señalado, por lo tanto, requieren una atención especial porque no son tan evidentes para nuestra mente y nuestra percepción de la realidad.

Además de humildad y sentido común, lo que más necesitamos para aplicar en nuestra vida cotidiana es la honestidad con nosotros mismos. Pero ya hemos visto que en una sociedad donde parece que nos preparan para ser competitivos, no caben las citadas cualidades, por lo que se requiere de mucha introspección y valentía, una búsqueda incesante de coherencia interna, de curiosidad y resiliencia, de mucho amor propio, en definitiva.

Un aspecto relevante a considerar es que todos los atajos vistos, tanto de forma individual como en su conjunto, están basados en una idea central: buscan el equilibrio y lo justo. Sin justicia es muy difícil crear una realidad propia, y más difícil aún confiar en la vida y en los demás.

No vienen los tiempos precisamente muy boyantes con la justicia en la vida privada y la justicia en la vida pública. Tanto en las relaciones personales, como laborales y sociales, se están produciendo fracturas muy penosas de ver y vivir, como si aceptáramos este déficit como algo *normal* o *natural*. Y no es así.

No debería ser normal el porcentaje de matrimonios que se deshacen en España (casi el 50%); tampoco es normal el número de ataques a la integridad física y sexual de las mujeres; y no digamos del porcentaje de jóvenes que no encuentran un trabajo, incluso en penosas condiciones laborales (*es descorazonador el dato de que 500.000 jóvenes españoles salieran del país el año pasado,* citado por Marc

Vidal). Sin justicia es muy poco probable que aparezca la Verdad y el Orden, y aún más difícil la Aceptación y la Confianza, sin olvidar el sentido del humor porque te puede sonar a broma pesada.

Estamos hablando de crear Vida, pero una vida justa y equilibrada; de crear Amor, pero un amor consciente y sabio; de aportar Luz, pero una luz que conduzca a la confianza y a la verdad; en suma, de ampliar nuestra consciencia y nuestra sabiduría, dándole un sentido profundo a la evidencia de que debemos de existir para algo, por algo.

Mario Sabán nos dice:

> *Nada ni nadie puede impedirnos este crecimiento hacia la luz. Siendo luz nosotros, estamos destinados a dirigimos hacia la matriz de toda la realidad. El camino hacia la luz infinita de todas las almas es un camino que no se puede detener. Aunque los gobiernos crean que pueden detener estos procesos espirituales interiores, no lo lograrán porque la luz de cada alma es libre en su interior y porque las almas no quieren sufrir. ¿Por qué motivos no se acelera este proceso espiritual? Porque se ha probado que gran parte de los lideres espirituales siguen teniendo egos descontrolados; el verdadero trabajo lo debe realizar cada una de nuestras almas y organizar adecuadamente las energías interiores para revelar lo mejor de nosotros mismos. (Keter) (45).*

Estas energías interiores son las que están a la base de los atajos que acabamos de apuntar. La educación formal no presta especial atención a este desarrollo personal e individual y se centra en informaciones y conocimientos, la mayor parte de las veces superfluos e inoperantes y desatiende lo que parece ser más relevante para un mayor autoconocimiento y así dotar de sentido a la vida.

Claudio Naranjo señala, en su libro *La mente patriarcal* (48): *El antídoto para integrar los males del alma y del mundo es aprender a integrar mente, emoción e instinto.*

La fuerza interior surge de la autoobservación, del silencio, de la aceptación de lo que es, de la búsqueda de la verdad y de la confianza en la Vida. Todo esto sigue lejos del currículo formativo oficial, por lo que se hace muy necesario leer, viajar, asistir a cursos y talleres, practicar la escucha consciente, revisar nuestros hábitos de alimentación y sueño, ser críticos con los medios de comunicación masivos, dejar de hacer muchas cosas y sólo sentir, únicamente sentir lo que hacemos en lo más profundo de nuestra alma.

Esta tarea es infinita, no tiene espacio ni tiempo, porque eso debe ser el infinito (concepto intratable para nuestra mente), por lo que reconozcámonos como eternos alumnos, sin exámenes que aprobar ni calificaciones que alcanzar: se trata de experimentar la vida y llenarla de amor y sabiduría. En *El sueño del tiempo* (49), López-Otín y Kroemer afirman:

> *La evolución biológica nos ha regalado una amplia colección de relojes de diversos modelos que interpretan señales ambientales o internas y cuentan el tiempo*

de nuestras células y de nuestros órganos. Finalmente, esta contabilidad se traduce en señales químicas encriptadas en las estructuras de hormonas como la melatonina, o neurotransmisores, como la dopamina, que determinan el destino y la actividad de todas y cada una de nuestras células y entidades supracelulares.(…).

El cerebro es nuestra máquina de pensar; piensa la vida y sueña el tiempo. Con sus cien mil millones de neuronas, tantas como estrellas brillan en la Vía Láctea, el cerebro posee el potencial preciso para recordarnos el pasado, pero no con el objetivo de sumergirnos en nostalgias o melancolías, sino para facilitarnos la toma de decisiones que mejoren nuestro futuro.

Por ello, es muy necesario *aprovechar el tiempo* con buenas decisiones (ese es el verdadero sentido de tomar los buenos atajos: ganar tiempo) ya que, en este cuerpo, con este cerebro y con los relojes biológicos que disponemos, somos conscientes del límite físico de nuestra existencia, lo que nos empuja a sentir (que no pensar) en que somos algo más que nuestro cuerpo y nuestra mente y su capacidad de pensar. Lao Tze, en *Hua Hu Ching* (50) nos acerca a este instinto de eternidad, más allá del tiempo:

Es completamente posible para ti lograr la inmortalidad y experimentar la alegría y la libertad absolutas para siempre. La práctica de la virtud sin distinciones es el medio para alcanzar este fin.

Practicando la bondad y la generosidad, tu vida se armoniza de manera natural con el Camino Integral (…)

y empiezas a eliminar las barreras ilusorias entre personas y sociedades, entre oscuridad y luz, entre vida y muerte.

Al eliminar estas ilusiones, obtienes la compañía de los seres espirituales supremos. En su compañía, estás protegido de las influencias negativas y tu energía vital no puede ser disuelta. Es así como logras la inmortalidad.

Todo lo visto anteriormente nos conduce a una de las más poderosas confluencias entre nuestra capacidad de pensar y nuestra facultad de sentir, que no es otra que la vivencia espiritual, el gran atajo en el que desembocan todos los *ríos* que acabamos de señalar.

La experiencia interna de que somos seres amorosos y espirituales tiene que ser una certeza, no puede ser una especulación o una posibilidad entre otras. Las personas sabias *saben*, con certeza, que la búsqueda de la verdad, en silencio y meditación, con confianza máxima en uno mismo y nuestras cualidades, aceptando lo que es, con orden y amor incondicional, es vivir la Vida como una experiencia espiritual.

Que esta lectura te haya acercado a ello. Muchas gracias (alegría, belleza y abundancia).

*A través de la Historia, los cambios fundamentales
en las sociedades no resultan de los dictámenes
de los gobiernos ni del resultado de las batallas,
sino del hecho de que gran cantidad de personas cambian
su manera de ver las cosas, a veces sólo un poco.*

Willis Harman

BIBLIOGRAFÍA

1.
LEE CARROLL, El viaje a casa, Kryon V, Ed. Obelisco.

2.
JOSÉ LUIS PARISE, Casualizar. Los once pasos de la magia. Ed. De los cuatro vientos.

3.
ECKHAR TOLLE, El Poder del Ahora, Ed. Gaia.

4.
ADRIAN GARCIA BONA, La revelación de la Unidad, Ed. Obelisco.

5.
BRUCE H. LIPTON, La biología de la creencia, Gaia Ediciones; El efecto luna de miel, Ed. Palmyra.

6.
JOE DISPENSA, Deja de ser tú, Ed. Urano.

7.
GREGG BRADEN, La matriz divina, Ed. Sirio; El poder de la profecía, Ed. Urano.

8.
CARL GUSTAV JUNG, Escritos sobre espiritualidad y transcendencia, Ed. Trotta.

9.
FLORENCE SCOVEL SHINN, El juego de la vida, Ed. Obelisco.

10.
CAROLINE MYSS, Anatomía del espíritu, Ediciones B.

11.
DANIEL MEUROIS, Cómo Dios se hizo Dios, Akenatón, Ed. Isthar Luna-Sol.

12.
HERMANN HESSE, Siddartha, Debolsillo.

13.
BERT HELLINGER, Órdenes del amor, Ed. Herder; El manantial no tiene que preguntar por el camino, Ed. Alma Lepik

14.
EVANGELIO DE VALENTINO, Pistis Sophia, Dilema editorial.

15.
CRISTINA MARTÍN JIMÉNEZ, Libertad o Tiranía, Ed. Martínez Roca.

16.
LUUKANEN-KILDE, No existe la muerte, Mundibook.

17.
RANDY PAUSCH, La última lección, Ed. Grijalbo.

18.
DEEPAK CHOPRA, Conocer a Dios, Ed. Plaza &Janés.

19.
ÁLEX GRIJELMO, La seducción de las palabras, Ed. Taurus.

20.
CARME JIMÉNEZ HUERTAS, Ingeniería lingüística. Lo que no quieren que sepas, Independently Published; Estamos hechos de lenguaje, Ed. Armonía Mundi.

21.
MARIANO SIGMAN, El poder de las palabras, Ed. Debate.

22.
ELENA KHROMYLEVA, El inconsciente del consciente, Por publicar.

23.
STEPHEN R. COVEY, Los siete hábitos de la gente altamente efectiva, Ed. Paidós.

24.
SUSAN JEFFERS, Aunque tenga miedo, hágalo igual. RBA Coleccionables.

25.
JACOBO GRINBERG, La construcción de la realidad, El despertar de la consciencia, Ed. Trillas.

26.
MARLY KUENERZ, El inconsciente cuántico, El juego de la atención, Ed. Libsa.

27.
JUAN MANUEL DE PRADA, XL Semanal, 5-5-2024.

28.
MANUEL RIVAS, La lengua de las mariposas, Ed. Alfaguara.

29.
HECTOR GIL, El viaje del Héroe, La Parábola Editions.

30.
LAIR RIBEIRO, El éxito no llega por casualidad, Ed. Urano.

31.
MANJIT KUMAR, Quántun, Ed. Kairós.

32.
ANDREA TADDEI, Las 5 Leyes biológicas de la Nueva Medicina Germánica del Dr. Ryke Geerd Hamer, Spanish Edition.

33.
MÁXIMO SANDÍN, Pensando la evolución, Pensando la vida, Kauac, Ed. Nativa.

34.

DAVID HAWKINS, Dejar ir. El camino de la liberación, Ed. El Grano de Mostaza.

35.

MIGUEL RUIZ, La maestría del amor, Ed. Urano.

36.

MAURICE DOREAL, Las Tablas de Esmeralda de Thoth, Instituto Cultural Quetzalcoatl, ICQ.

37.

PABLO d´ORS, Biografía del silencio, Galaxia Gutenberg.

38.

RAMIRO CALLE, Las enseñanzas del Faquir, Ed. Booket.

39.

ECKHART TOLLE, El silencio habla, Gaia Ediciones.

40.

OMAR KURDI Y PEDRO PALAO PONS, Cuentos sufís, Arkano Books.

41.

LOU MARINOFF, El ABC de la felicidad, Ediciones B.

42.

ENRIQUE ABANSÉS, El Arquitecto Interior, Onmints editions.

43.

EMILIO CARRILLO, Buscadores, RD Editores;
Consciencia, Ed. Sirio.

44.

OMRAAM MIKHAEL AIVANHOV, La alquimia
espiritual, Ed. Prosveta.

45.

MARIO JAVIER SABÁN, Keter. El éxtasis de la eternidad,
Ed. Kairós.

46.

NAZARETH CASTELLANOS, Neurociencia del cuerpo,
Ed. Kairós.

47.

ALICE BURMEINSTER Y TOM MONTE, El toque
sanador, Ed. Plus Vitae.

48.

CLAUDIO NARANJO, La mente patriarcal, RBA libros.

49.

CARLOS LÓPEZ-OTÍN/GUIDO KROEMER, El sueño del
tiempo, Ed. Paidós.

50.

LAO TZE, Hua Hu Ching, 81 meditaciones taoístas, Ed.
Edaf, Arca de sabiduría.

www.ingramcontent.com/pod-product-compliance
Lightning Source LLC
Chambersburg PA
CBHW050339160726
48002CB00001B/375